D1701668

LUZERN PANORAMA
LUCERNE PANORAMA

Streifzüge durch die Zentralschweiz
A Journey through Central Switzerland

Fotos – *Photos*
Emanuel & Gabriel Ammon

Vorwort – *Foreword*
Marco Castellaneta

Texte – *Texts*
Stefan Ragaz
Susanne Perren
Ronald Joho-Schumacher

Winternacht in Luzern, 2015
Winter night in the City of Lucerne 2015

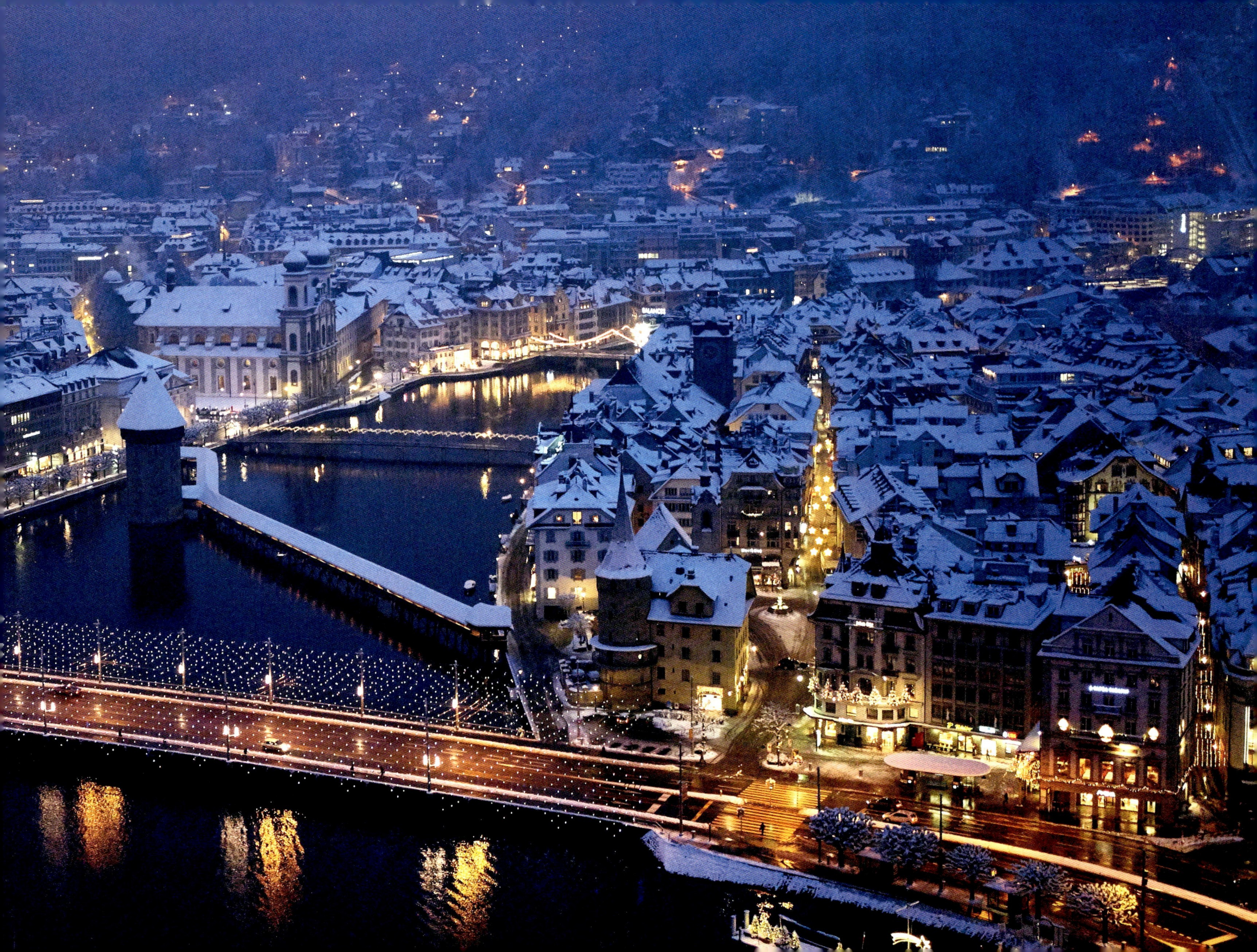

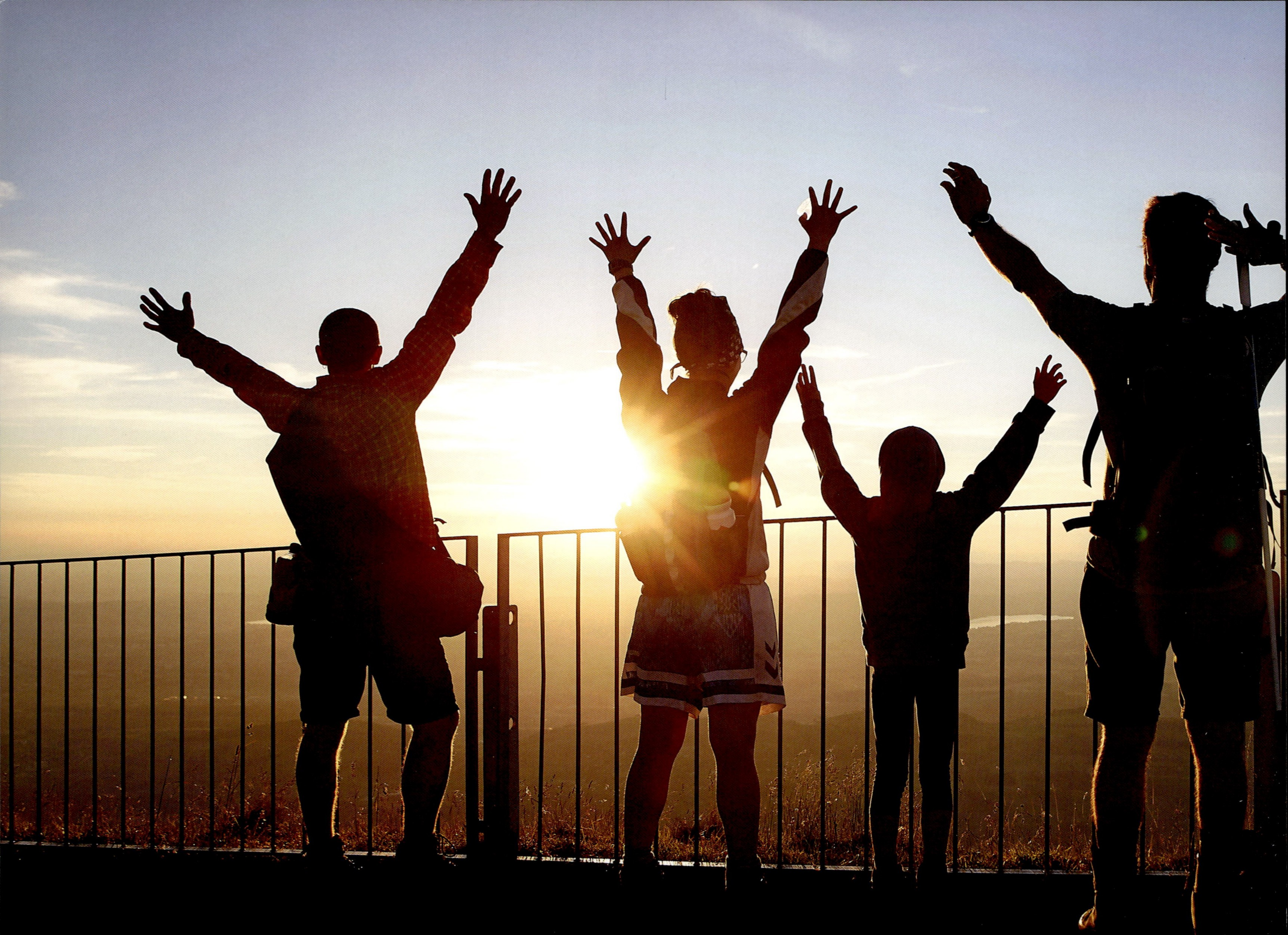

Rigi Sonnenaufgangsfahrt
Viewing the sunrise on the Rigi

Nebelmeer über Vierwaldstättersee und Rigi
Sea of fog over Lake Lucerne and the Rigi

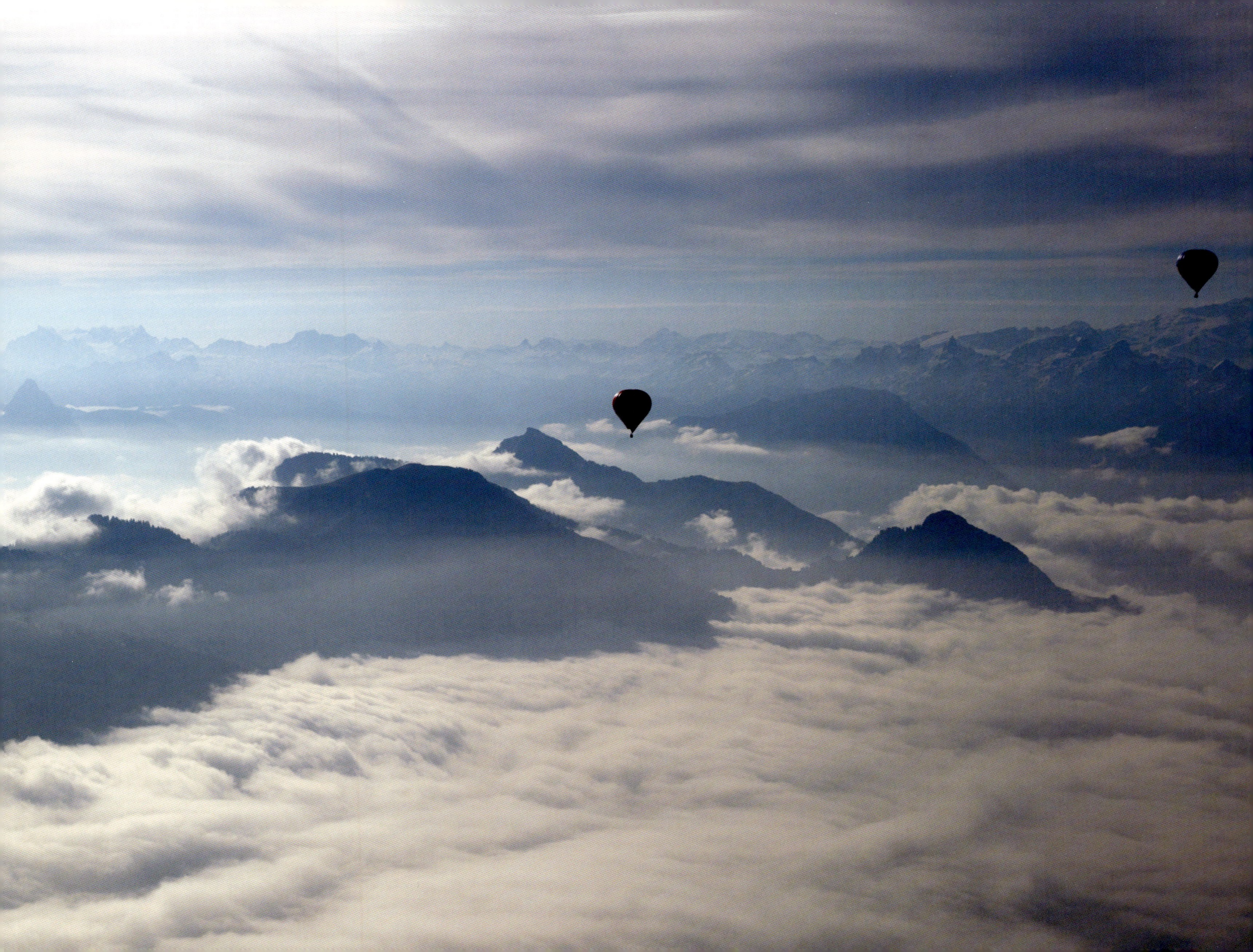

Luzerner Fasnacht, Rathausquai
Lucerne Carnival on the Rathausquai

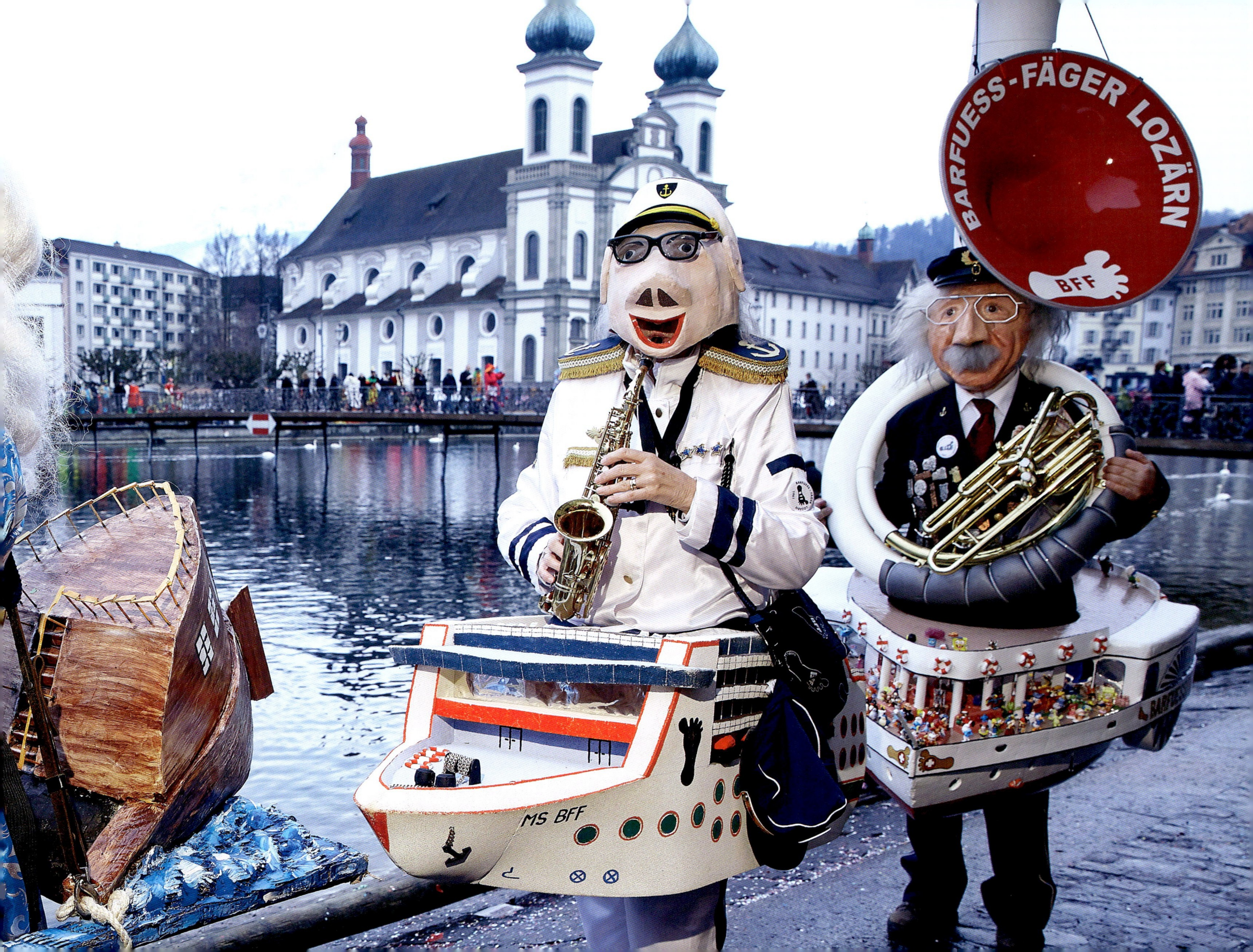
BARFUESS-FÄGER LOZÄRN
BFF
MS BFF

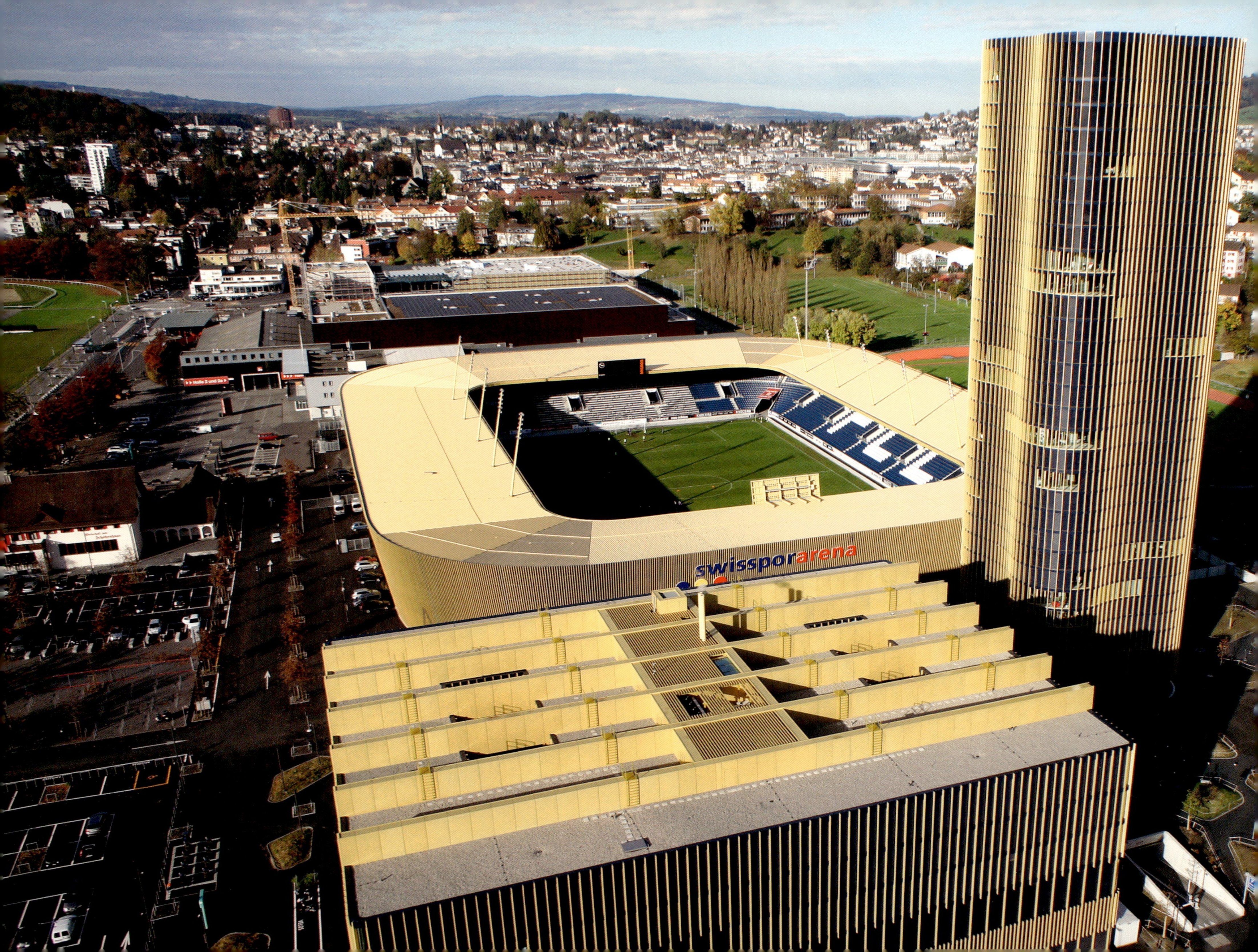
swissporarena

Swissporarena und Messe Luzern
Swissporarena and Messe Luzern

SwissCityMarathon - Lucerne
SwissCityMarathon - Lucerne

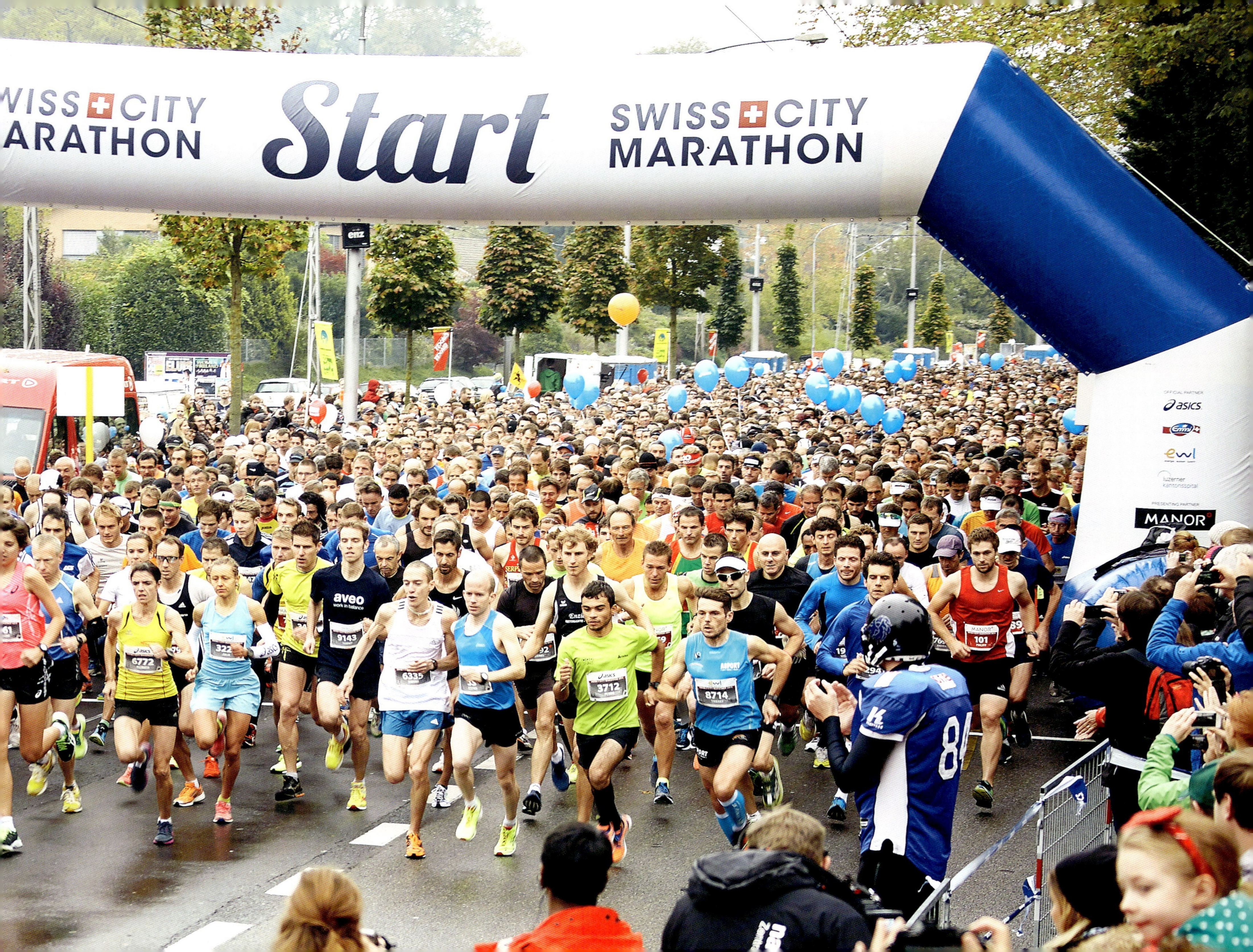
SWISS CITY MARATHON
Start
SWISS CITY MARATHON
asics
MANOR

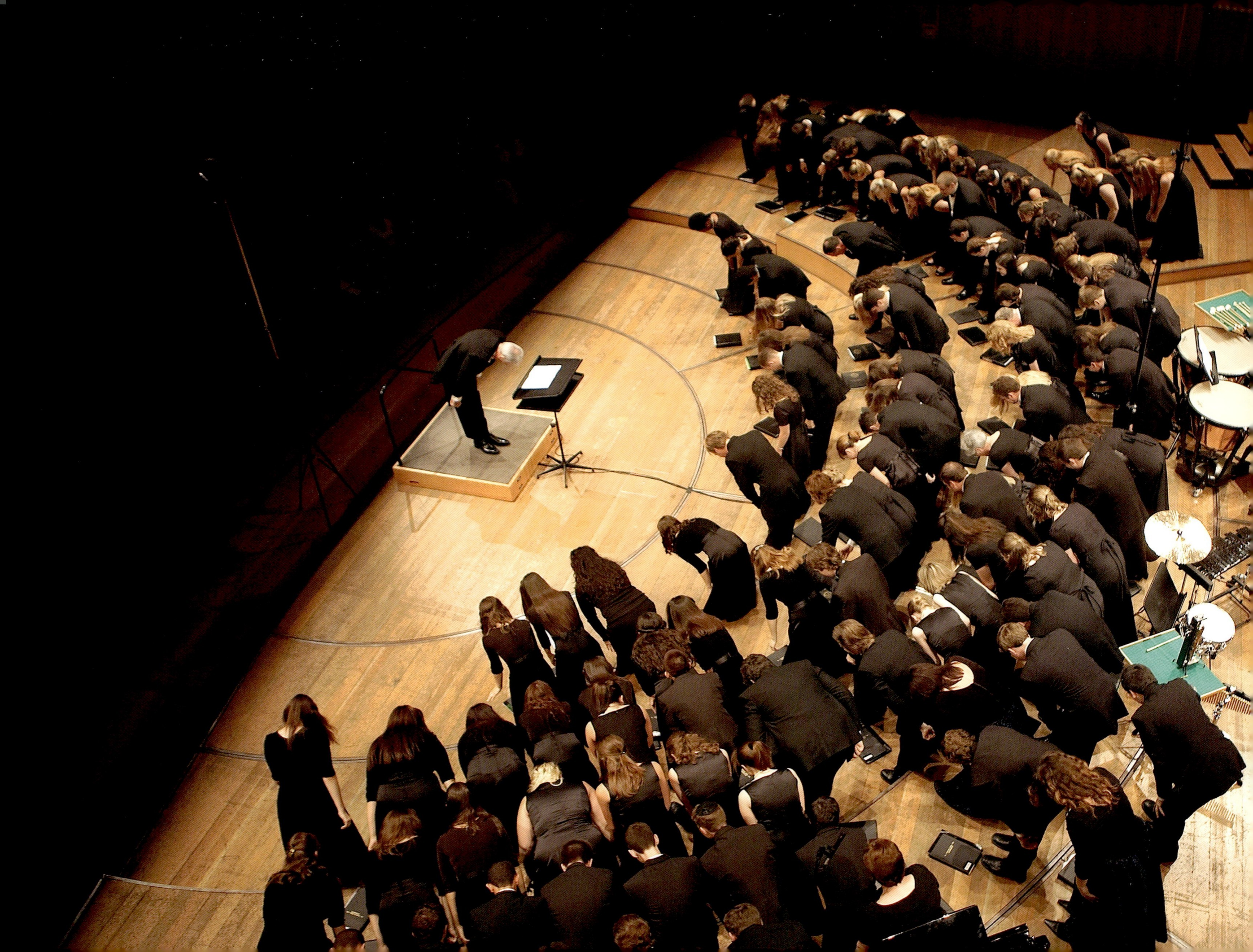

KKL Kultur- und Kongresszentrum Luzern
KKL Culture and Convention Center Lucerne

Aussicht vom Stanserhorn auf Luzern und den Vierwaldstättersee
View of Lucerne and Lake Lucerne from the Stanserhorn

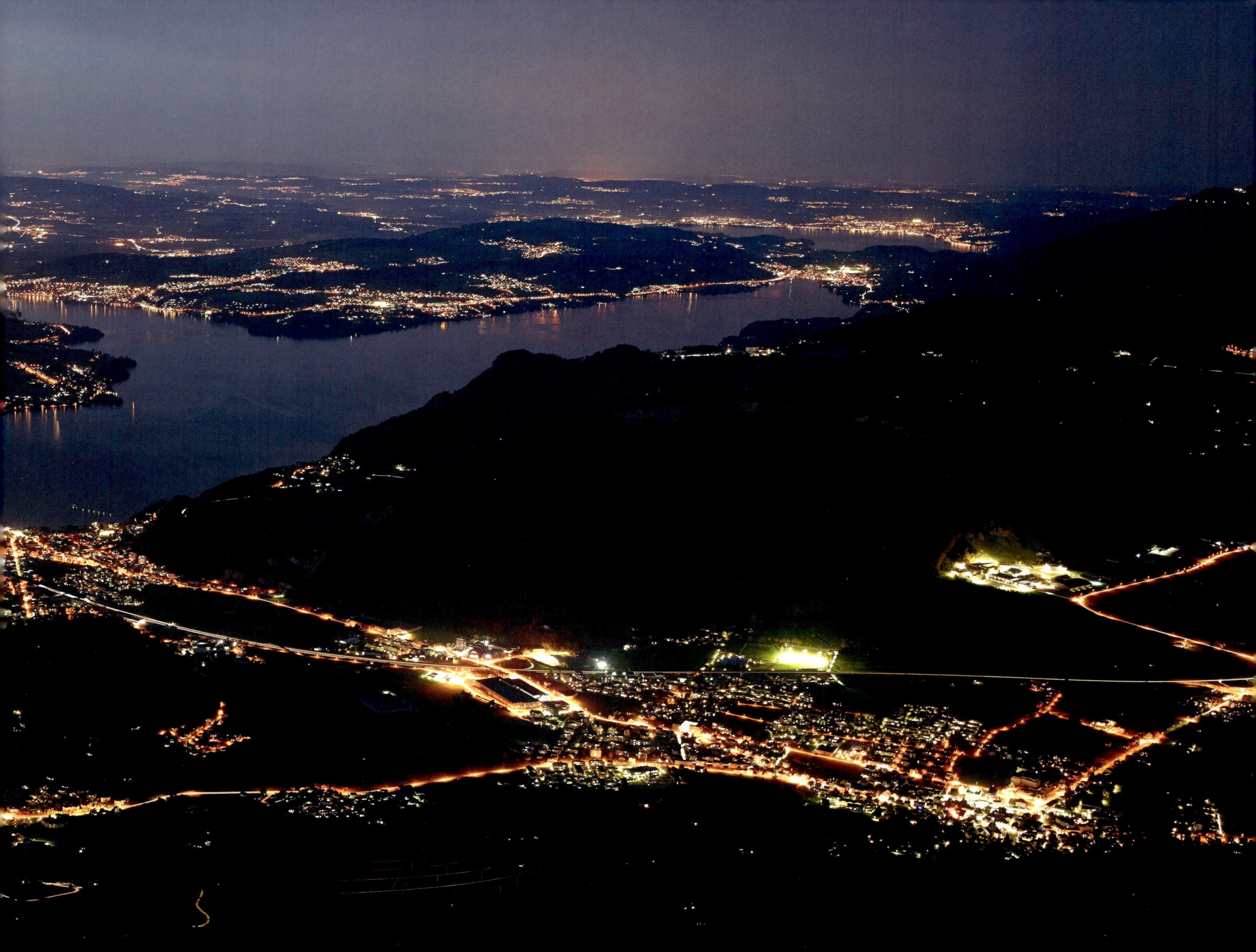

Foreword
Marco Castellaneta

Photographs are going through a difficult time in this age of the on-line torrent of images, in which moving images that you can browse and scroll through at you own speed dominate the market. Or so you might think.

But - good photos quickly build up a relationship with their viewers. They can enthrall you in a second, captivating and inspiring you, triggering emotions. Perhaps this is because good photos never show as much as moving images do. It may be that good photographs don't even want to show everything. They compel us to make our own contribution. We have to become involved with them; we have to add our own memories to the visual image. We therefore complete the picture in our own minds, and see our own, unique images.

With his new collection of photographs, Emanuel Ammon invites us to join him on a journey through Central Switzerland. He shows us a Central Switzerland that we thought we knew. On this journey, he invites us to become involved with the images, to paint them with him. And he does this with truly moving images. He surprises us again and again: with an particular perspective, with unexpected moods and colours; at times we find ourselves at ground level, at others out of balance, on ice, at the edge of the water, and then at a dizzy height again.

Time after time, Emanuel Ammon deliberately leaves gaps. And this is why his beautiful pictures never seem clumsy. The photographer allows us to take a journey through Central Switzerland in which we can immerse ourselves, and sink into our own memories. In the end, what remains for the viewer from this atmospheric and dreamlike journey through the landscapes, mountains, lakes, seasons and events is a new perspective of Central Switzerland, a feeling of happiness, joy, and longing, as well as a reminiscence of many unique and personal images. Not moving pictures, but pictures that move.

Emanuel Ammon moves us to reflect, and shows us that photographs in the form of a book still have a function in the digital age. Photographs prolong the moment - we suddenly see things that we know, but that we have never looked at in this way before. It's perhaps only the medium of paper and books that can create this serenity. So - have a look, and, instead of surfing and scrolling, simply leaf through this wonderful book.

P.S. The eye for a good picture seems to be hereditary. As you will see, this collection of photographs also includes works from the third generation of the Ammons. Emanuel Ammon's son Gabriel (born in 1979), a musician, fireman and drone pilot, is also a trained graphic designer, and has already created nine books of photographs himself. This scion of the third Ammon generation is thereby emulating more his grandfather, Peter. Because Peter Ammon (born in 1924) also worked more as a technical photographer in his early years, before creating successful exhibitions and photo books, including ‚Schweizer Bergleben' (Swiss mountain life).

Vorwort
Marco Castellaneta

Fotos haben es im Zeitalter der Online-Bilderflut, in der Bewegtbilder dominieren, in der man durch Zappen und Scrollen selber Tempo machen kann, schwer. Könnte man meinen.

Nun – gute Fotos bauen schnell eine Beziehung zum Betrachter auf. Sie packen sekundenschnell, fesseln, regen an und lösen Gefühle aus. Vielleicht gerade weil gute Fotos nie so viel zeigen, wie es bewegte Bilder tun. Gute Fotos wollen vielleicht gar nie alles zeigen. Sie zwingen uns, unseren Teil beizutragen. Wir müssen uns einmischen, wir müssen uns einbringen mit den Bildern unserer Erinnerung. Wir malen damit die Bilder fertig und sehen nun eigene, einmalige Bilder.

Mit seinem neuen Bildband lädt uns Emanuel Ammon auf eine Reise durch die Zentralschweiz ein. Er zeigt uns eine Zentralschweiz, die wir zu kennen meinen. Er lädt uns auf dieser Reise ein, uns einzubringen, mitzumalen. Und er tut dies mit bewegenden Bildern. Er überrascht immer wieder: mal mit einem besonderen Blickwinkel, mit unerwarteten Stimmungen und Farben; mal sind wir auf Bodenhöhe, mal in Schieflage, mal auf Eis, mal am Wasserrand, dann wieder in luftiger Höhe.

Immer wieder lässt Emanuel Ammon bewusst Lücken offen. Und so wirken auch schöne Bilder nie plump. Der Fotograf lässt uns auf dieser Reise durch die Zentralschweiz in eigene Erinnerungen eintauchen und darin versinken. Von einer stimmigen und verträumten Reise durch Landschaften, Berge, Seen, Jahreszeiten und Veranstaltungen bleiben am Schluss für den Betrachter ein neuer Blick auf die Zentralschweiz, Glücksgefühle, Freude und Sehnsucht sowie viele eigene und einmalige Bilder im Kopf. Nicht bewegte Bilder, aber bewegende Bilder.

Emanuel Ammon bewegt uns zum Nachdenken und zeigt: Fotos in Buchform funktionieren auch im digitalen Zeitalter. Fotos geben dem Moment Dauer – wir sehen plötzlich Dinge, die wir kennen, aber noch nie so angeschaut haben. Vielleicht können nur Papier und Buch diese Ruhe herstellen. Also – reinschauen und statt zappen und scrollen einfach mal in Ruhe blättern.

PS: Das Auge für das gute Foto scheint vererbbar zu sein. Denn in diesem Fotoband hat es auch Arbeiten der bereits dritten Generation Ammon. Emanuel Ammons (1950) Sohn Gabriel (1979), Musiker, Feuerwehrmann und Drohnenpilot, ist ausgebildeter Grafiker und hat selber bereits neun Fotobücher gestaltet. Dabei eifert der Spross der dritten Ammon-Generation eher seinem Grossvater Peter nach. Denn auch Peter Ammon (1924) hat in seiner Anfangsphase des Schaffens eher als technischer Fotograf gearbeitet, bevor er erfolgreiche Ausstellungen und Fotobücher realisiert hat, darunter «Schweizer Bergleben».

Luzerner Altstadt
Lucerne Old Town

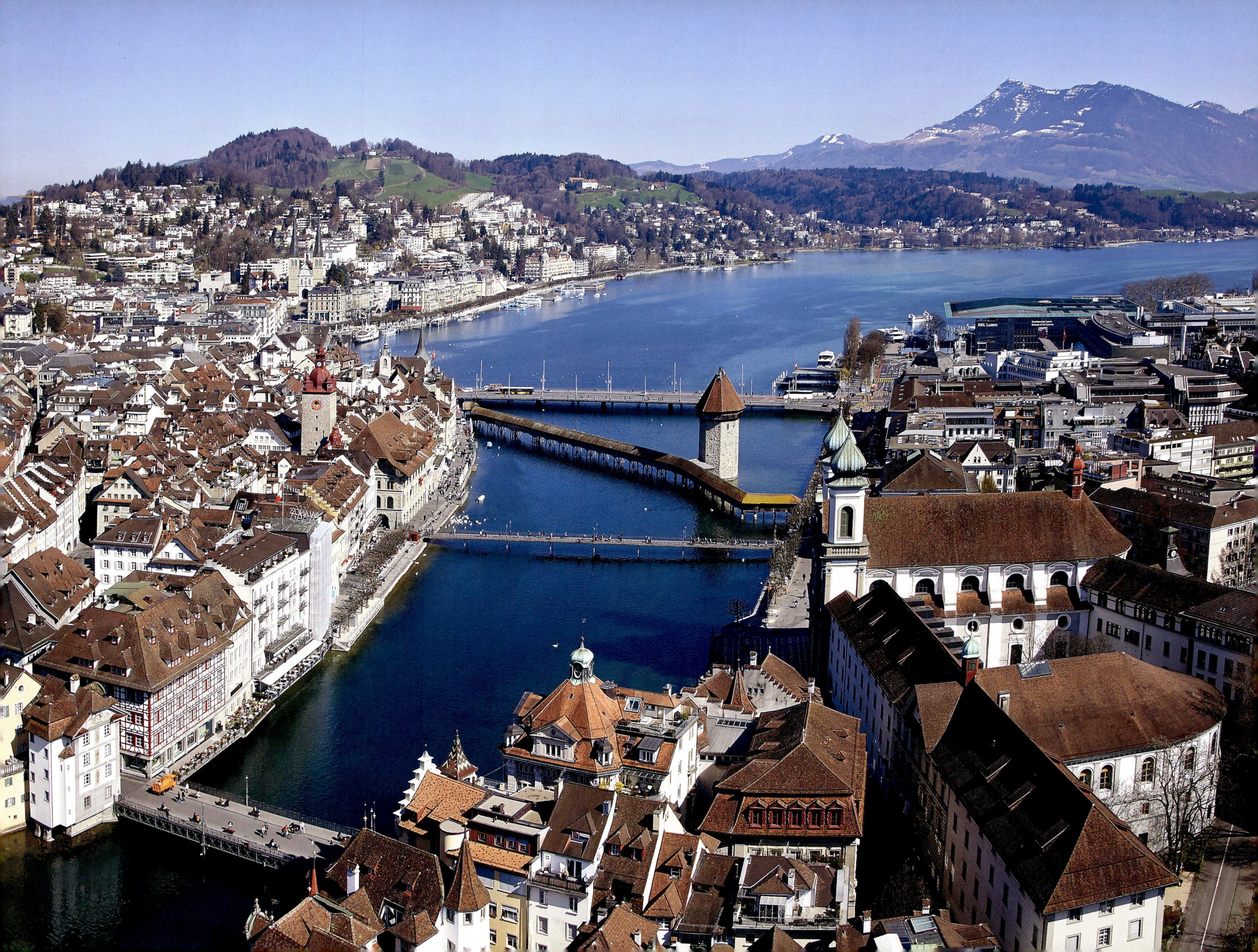

Krienbrüggliplatz, Kleinstadt
Krienbrüggliplatz, Kleinstadt district

Museggmauer mit Männliturm und Luegisland-Turm
Musegg wall with Männli tower and Luegisland tower

Pilatusplatz, Luzern
Pilatusplatz in Lucerne

Historischer Torbogen vor dem Bahnhof Luzern
Historic archway in front of the Lucerne railway station

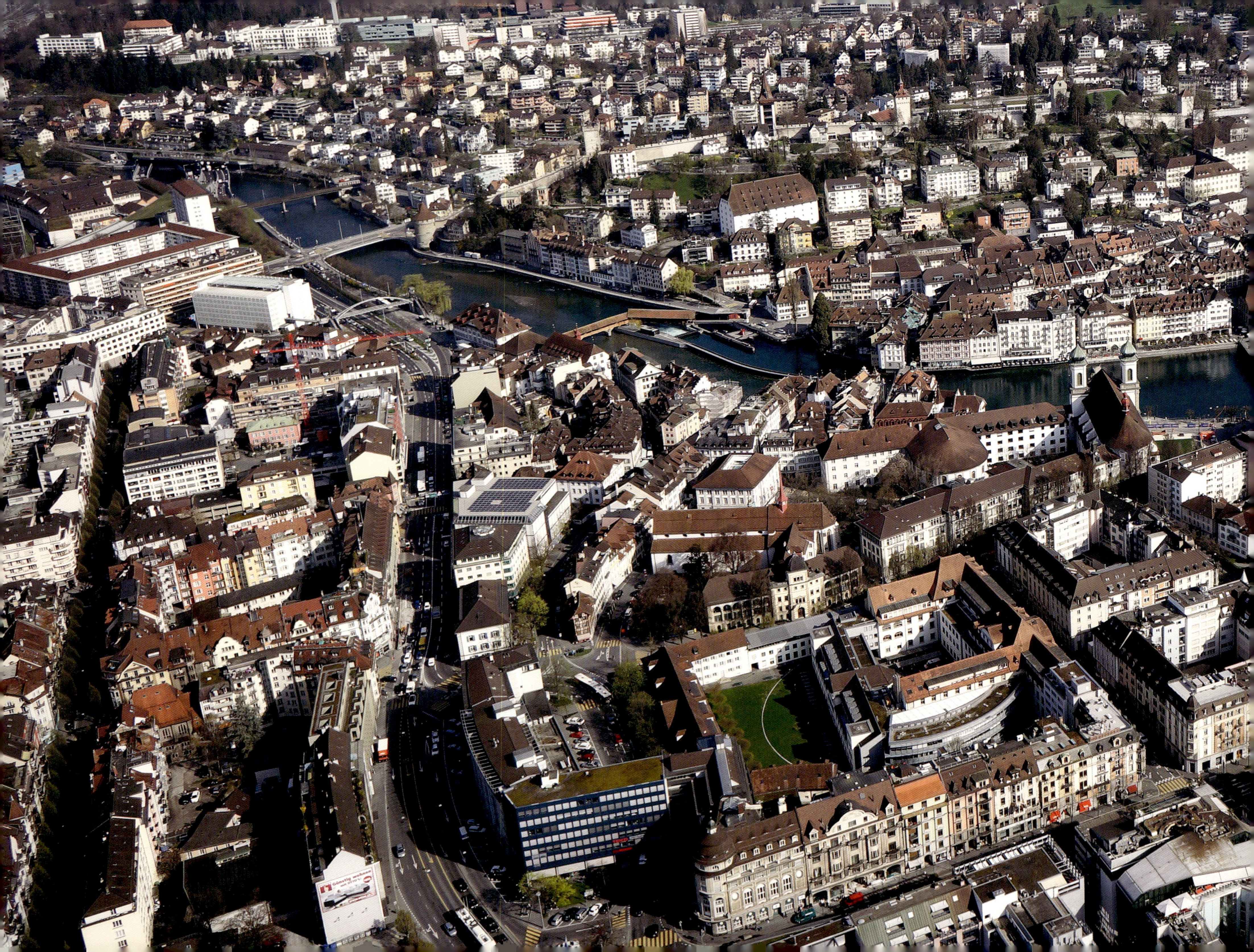

Luftbild der Stadt Luzern
Aerial view of central Lucerne

Hofkirche und Grand Hotel National, Luzern
Court Church of St. Leodegar and the Grand Hotel National

Hotel Schweizerhof, Luzern
Hotel Schweizerhof, Lucerne

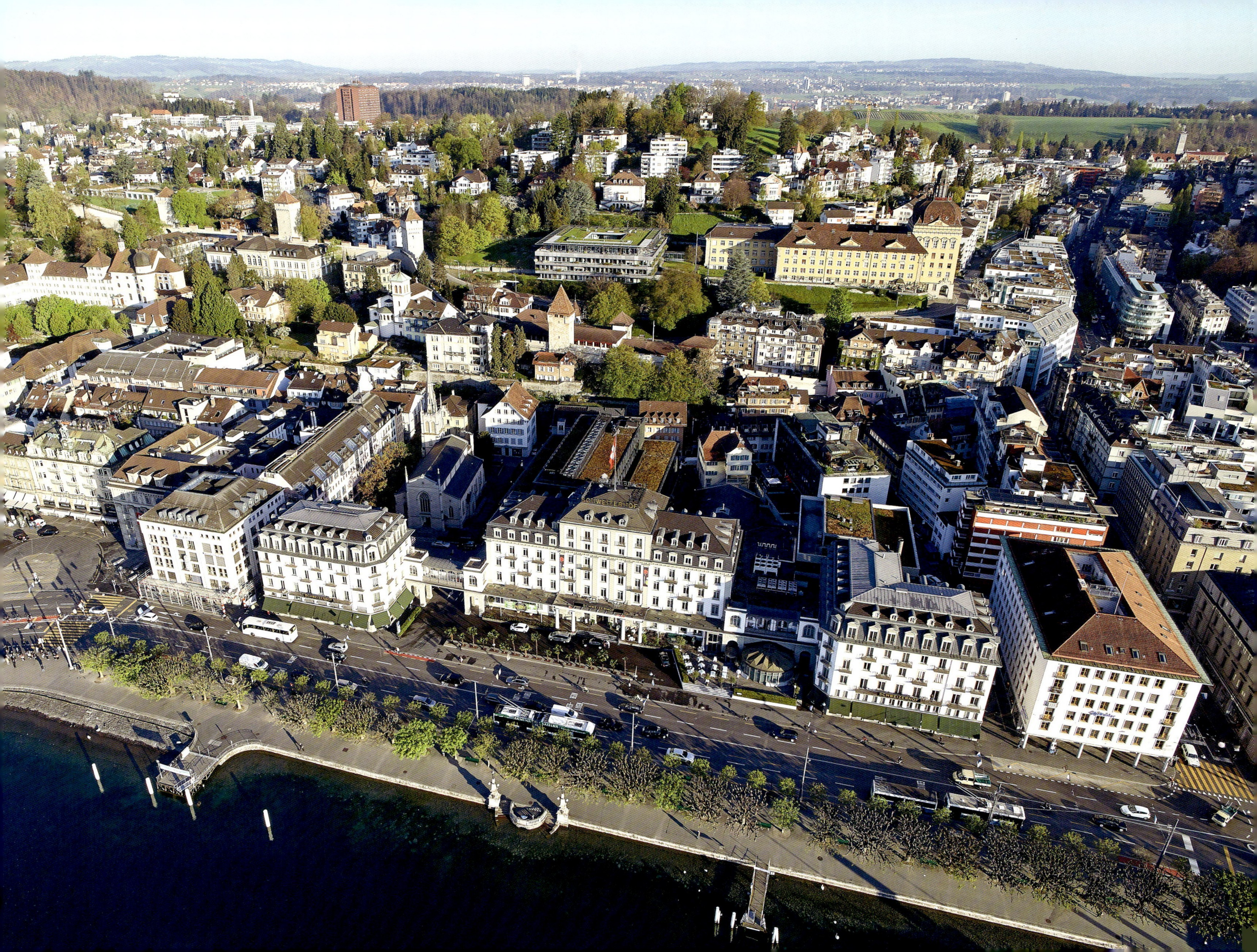

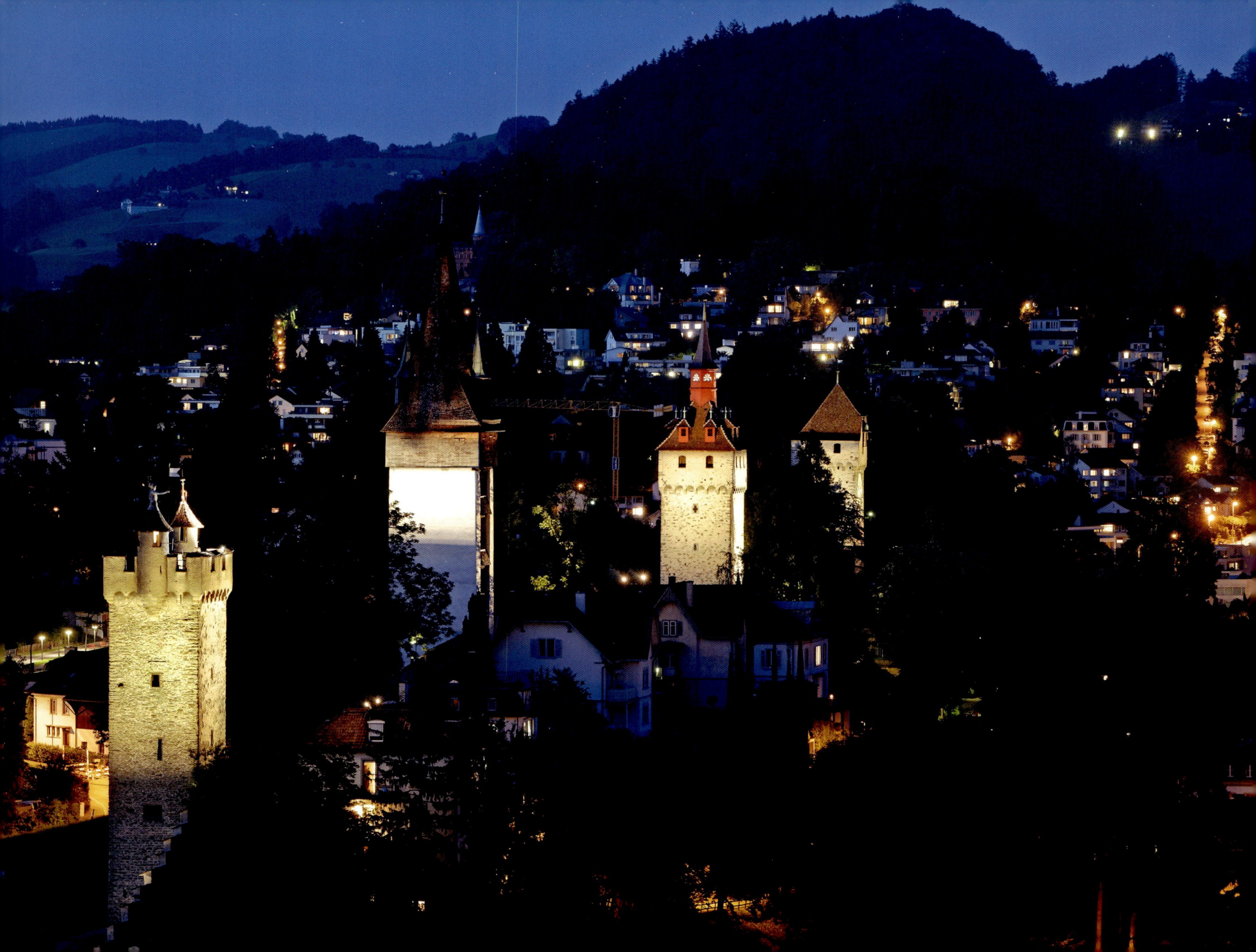

Museggmauer, Luzern
Musegg wall, Lucerne

Hotel Schweizerhof, Luzern
Hotel Schweizerhof in Lucerne

Zunfthausrestaurant zur Pfistern, Luzern
Zunfthausrestaurant zur Pfistern in Lucerne

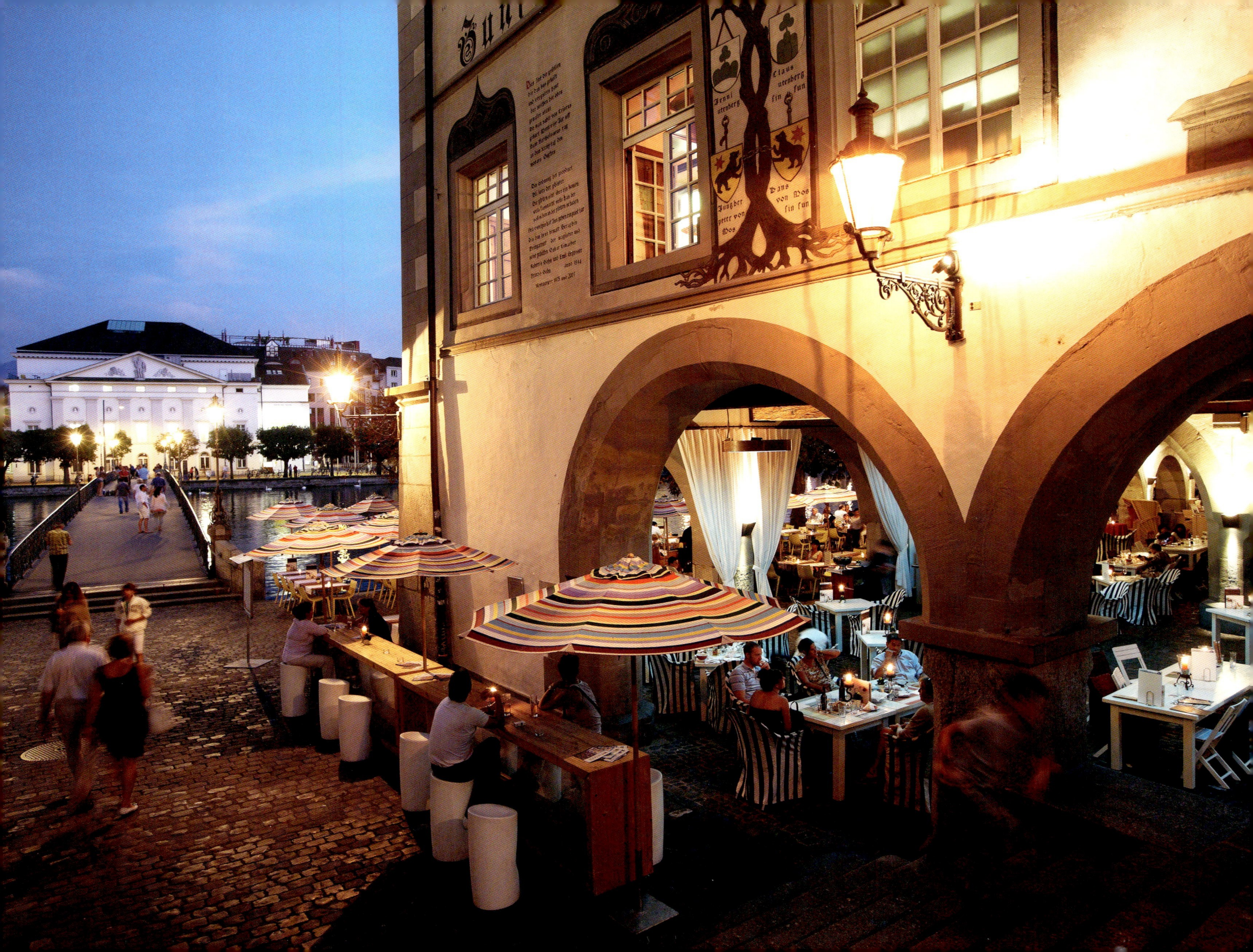

Seebad am Nationalquai, Luzern
Lakeside beach by the Nationalquai in Lucerne

Hirschengraben und Bruchmattquartier, Luzern
Hirschengraben and Bruchmatt district of Lucerne

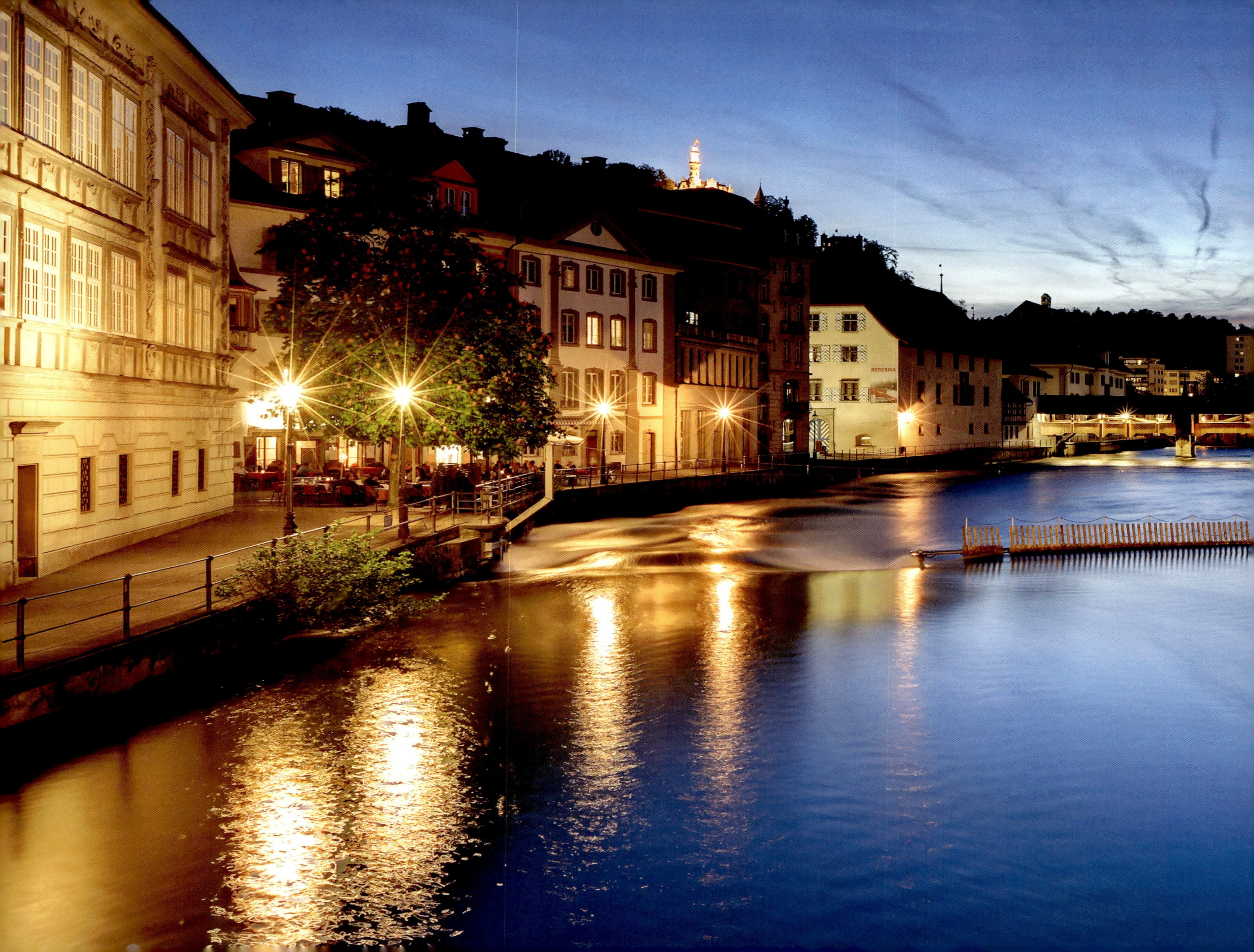
BERESINA

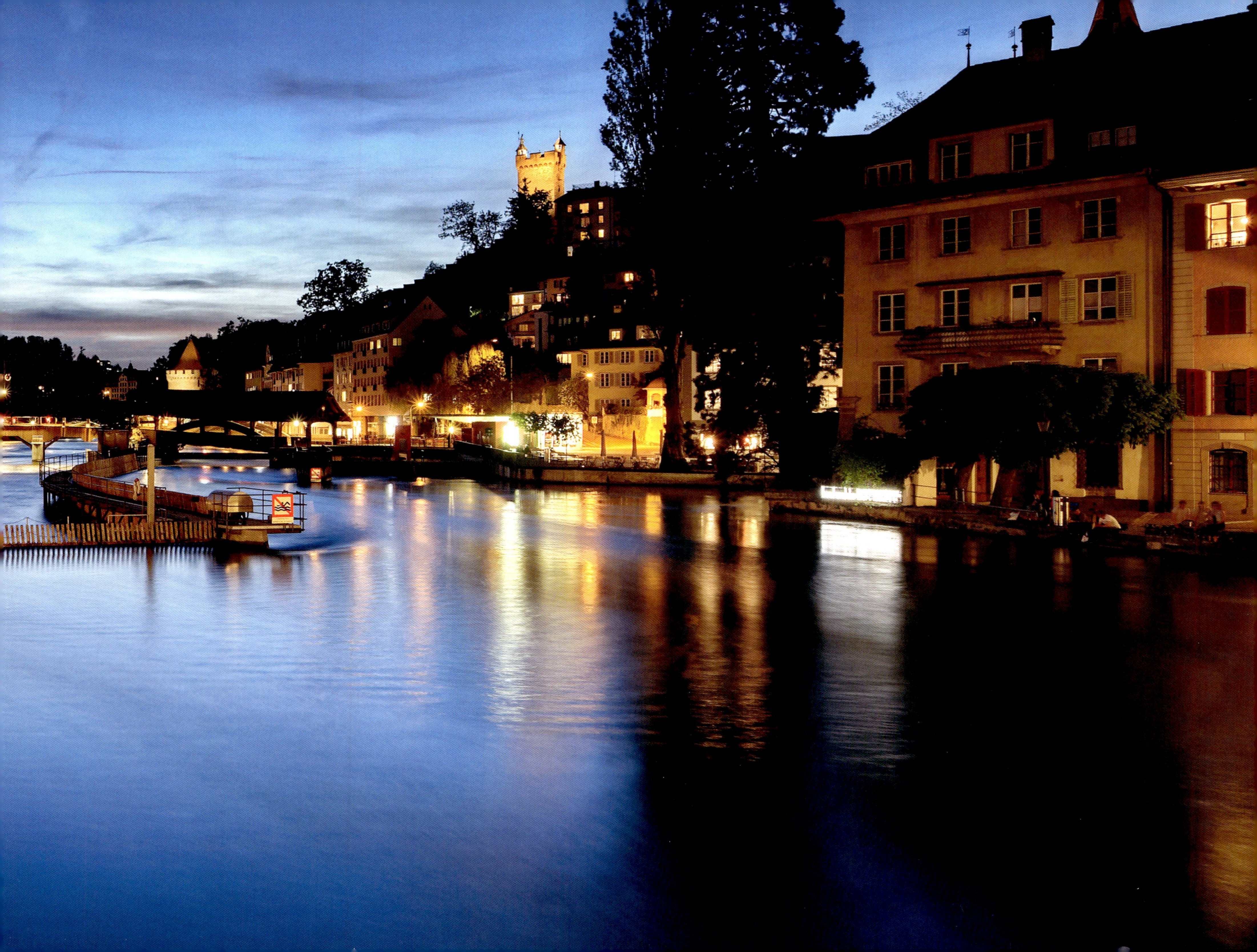

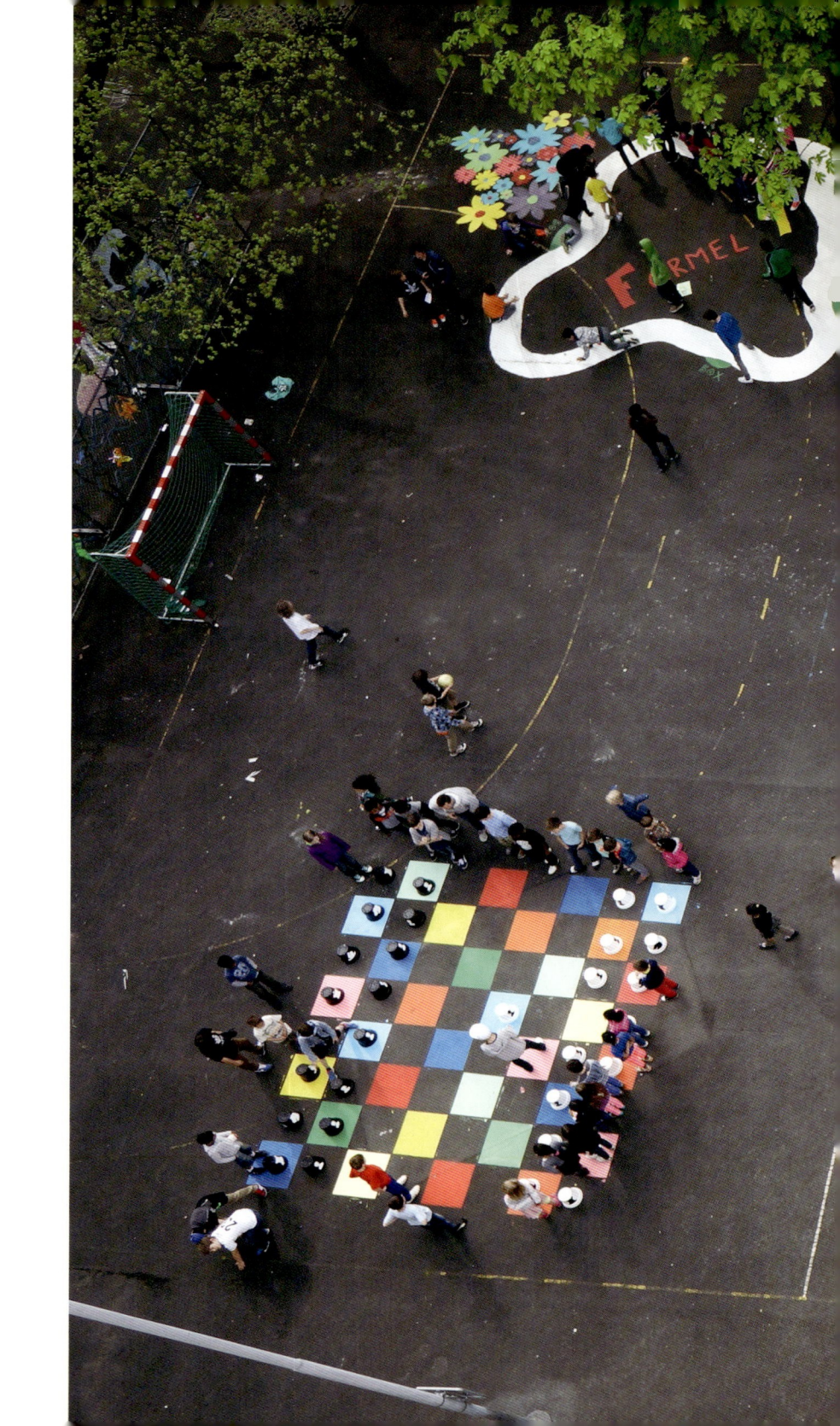

Nadelwehr Reuss, Luzern
Needle dam on River Reuss in Lucerne

Moosmattschulhausplatz, Luzern
Moosmatt school playground in Lucerne

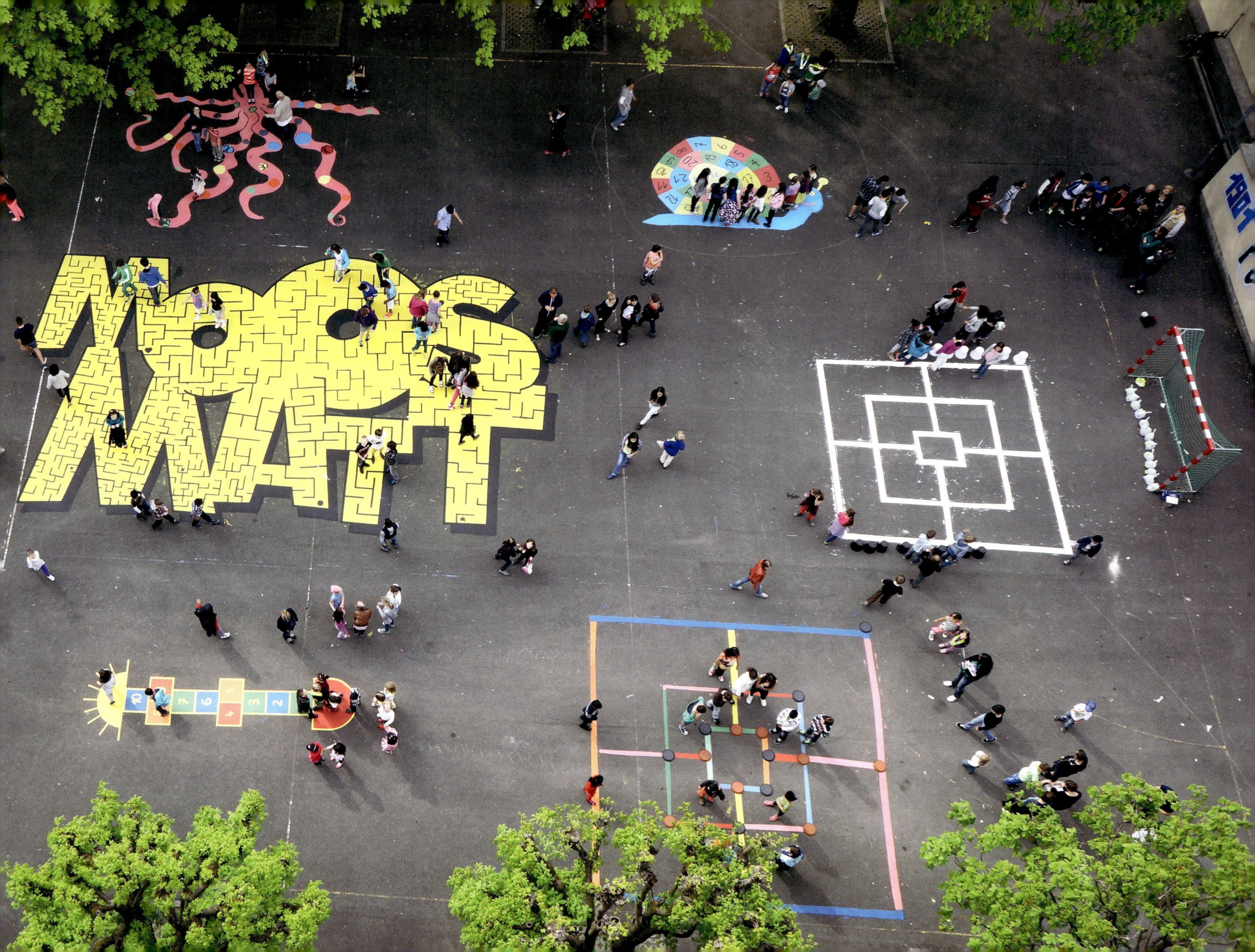

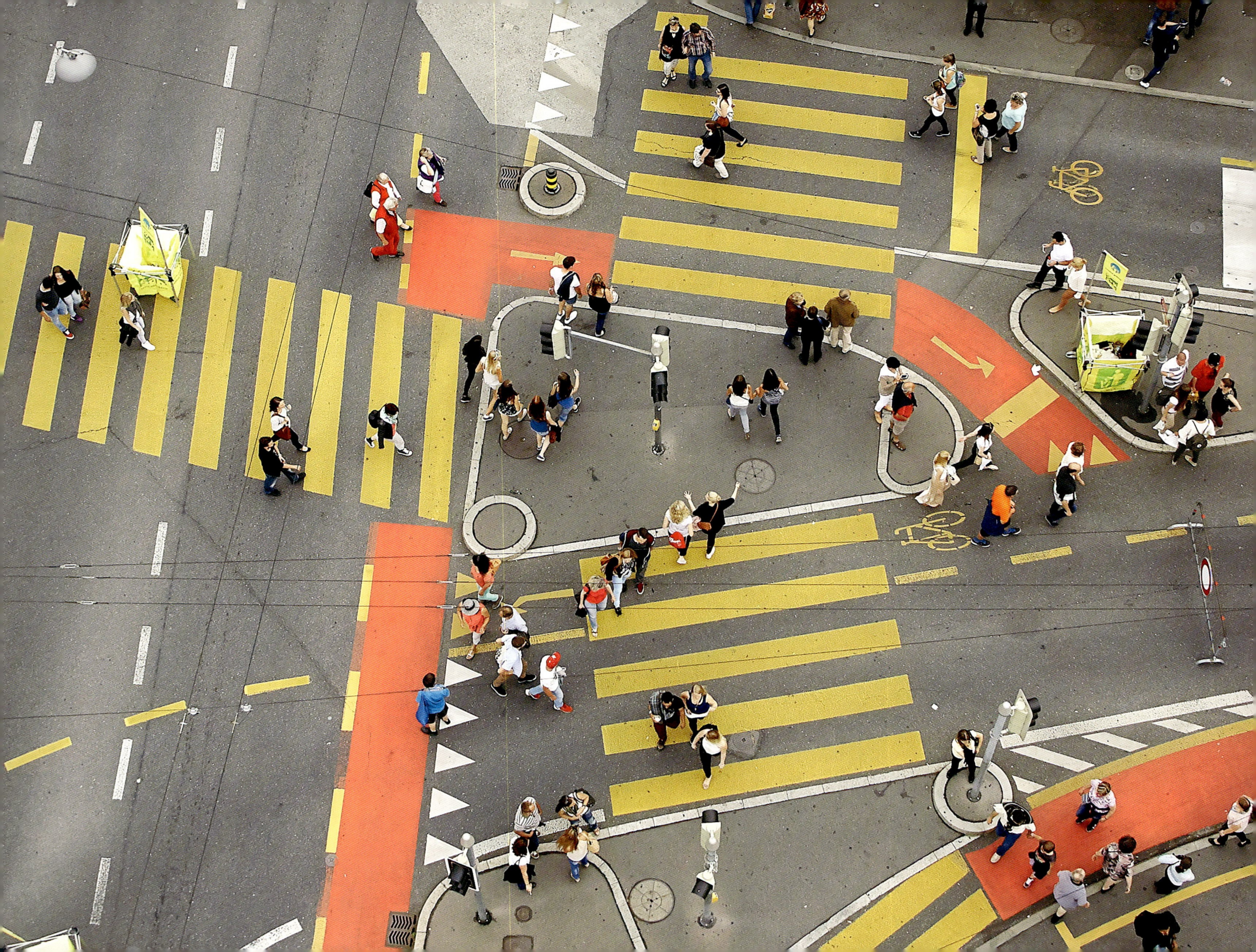

Bahnhofplatz, Luzern
Bahnhofplatz (station square) in Lucerne

Luzernerhof mit Schiff-Restaurant Wilhelm Tell, Luzern
Lucerne´s Floating Ship-Restaurant Wilhelm Tell in Lucerne

Bundesplatz, Luzern
Bundesplatz in Lucerne

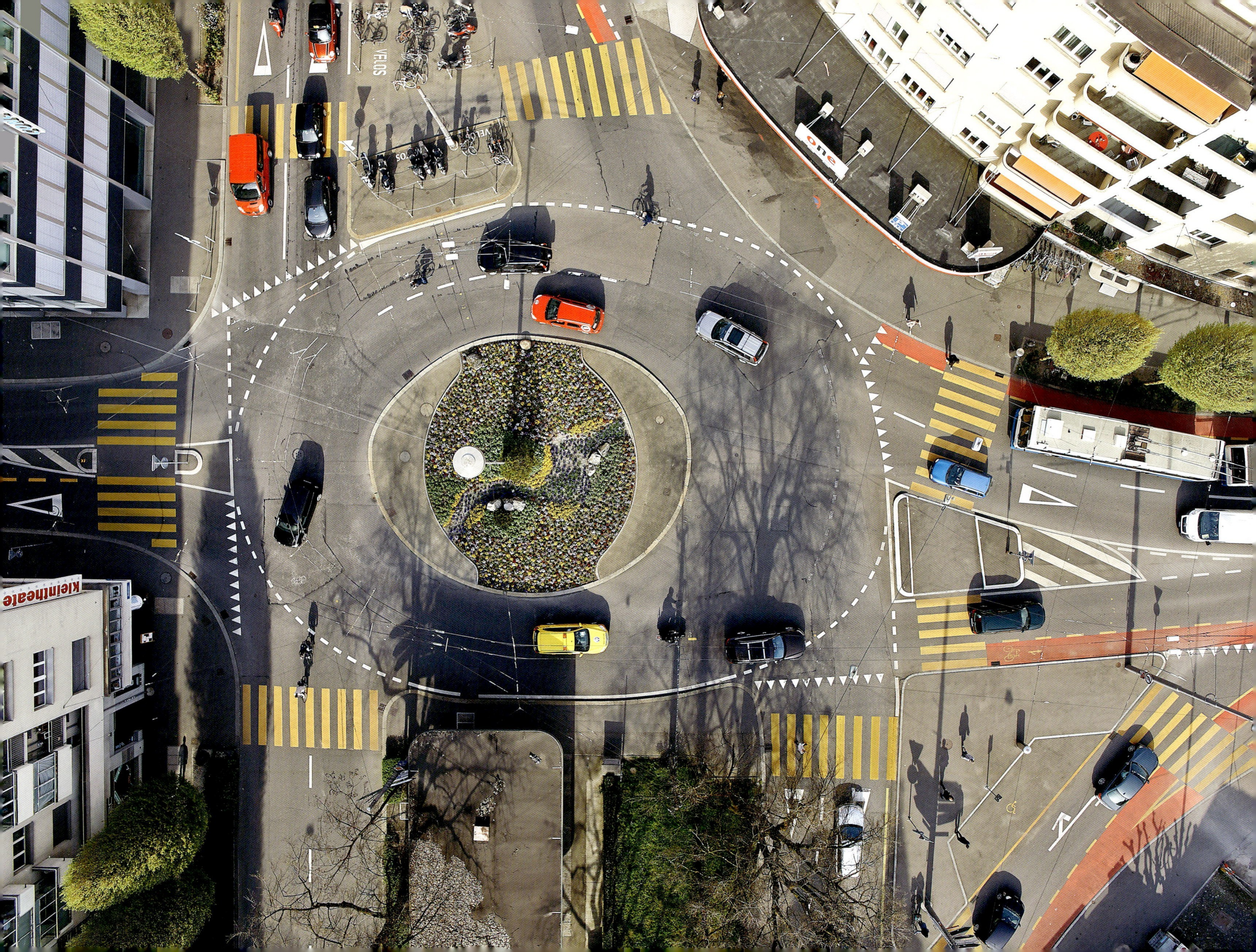
VELOS
one

Verkehrskreisel Rotkreuz ZG
Traffic roundabout in Rotkreuz, Canton Zug

44

Ringstrasse Pilatusmarkt, Kriens
Ring road by the Pilatus Market, Kriens

Luzern besuchen ist nicht Luzern leben.
Susanne Perren

Ich brauchte einen Duft. Diesen flüchtigen Augenblick eines Wahrnehmens, der einen glauben macht, an einem Ort daheim zu sein. Im September 2006 war ich also nach Luzern umgezogen, vom Briger Stadtplatz, auf dem ich aufgewachsen war und von dem ich wusste, wie die Wetter wenden, wenn mir das süssliche Aroma der Balkongeranien in die Nase stach. Oder diese kristallene Frische, die einem im Spätherbst zuraunte: Es riecht nach Schnee, derweil auf der Belalp bereits Nebel aufzogen. Jetzt aber war ich neu in Luzern, mit 37 Jahren, als «Frau von ...», auf die niemand gewartet hat.
Nach Luzern ziehen. Noch einmal erfahren, was in diesem Leben alles möglich ist. Bei Menschen, die nicht meinen, einen ein für allemal zu kennen. Seine Geschichte neu schreiben, auch wenn man nicht weiss, ob man den Inhalt überhaupt mag. Luzern besuchen ist nicht Luzern leben. Letzteres ist das Bessere.

Luzern war eine flüchtige Bekannte von mir. Bern, Zürich, Mailand zählten zum engeren Freundeskreis, der sich aus häufigen Visiten ergab. Ich fand die Leuchtenstadt «schön», während alle bekräftigen: «so schön», auch die Daheimgebliebenen, und die Hiesigen sowieso. Luzern schien mir etwas schwelgerisch, eine Spur langsamer als das businessgetriebene Zürich, ein bisschen Provinz. Auch mag ich eigentlich keine langen Geraden, die teilen, wie die Seebrücke, und die einem eine Entscheidung abverlangen: hier oder drüben. Und falls wechseln, dauert das lange (objektiv geht man drei, vier äusserst unterhaltsame Minuten). Ich war's halt kompakter gewohnt.

In der ersten Nacht erlebte ich, was ich später vermissen würde, führe ich fort von hier: die gehaltvolle Seeluft. Überhaupt der See. Er gab mir das unmittelbare Gefühl von Weite. Ich sah zum ersten Mal Horizont, im Wortsinn, stammte ich doch aus einem Tal, das im besten Fall zwei Kilometer breit ist und dessen Wände 4000 Meter hoch ragen. Luzern prägte meinen Blick für Distanzen neu. Es fühlte sich gut an. Frei. Offener. Wie auch die Spielarten um ein Vielfaches zunahmen. Ich konnte plötzlich in jede Himmelsrichtung losziehen, statt lediglich zwischen linker oder rechter Talflanke zu wählen, und ich fand stets ein Ziel. Das Stanserhorn, der Pilatus, der Glaubenberg, der Sonnenberg, der Sedel, Küssnacht am Rigi, das Brunni, Heiligkreuz, die Rigi, das Schächental – oft war ich mit meinem Mann unterwegs, manchmal auch alleine, wie an jenem Nebeltag auf dem Heitertannliweg gen Pilatus zu, in Turnschuhen, wir sind ja nicht am Matterhorn, dachte ich Greenhorn. Pilatus, ich ziehe den Hut vor dir und selber ziehe ich im Gelände nur noch ordentliches Schuhwerk an.

Von jedem Ziel führte ein Weg zurück: die Zentralbahn, die S-Bahn, ein Bus, und falls gar nichts verkehrt, nähert sich bestimmt ein Schiff auf dem See, das höchste der Reisegefühle überhaupt. Das allein ist grossartig viel, aber nicht alles. Mir fehlten die Adressen, Leute, die ich spontan auf einen Kaffee besuchen konnte, die mich fühlen liessen, du gehörst dazu, die mir das Wesen des Luzerner Charakters zeigten und mich daran teilhaben liessen. Fürwahr, wir wurden und werden von Party zu Party geladen und an Anlässen jeglicher Art offen empfangen. Das hat mir viele flüchtige, durchaus amüsante Bekanntschaften und mit der Zeit einige wertvolle Freundschaften gebracht.

Im Grunde sind wir uns ähnlich, die Luzerner und die Walliser, beide traditionsverbunden und fasnachtsverliebt. Die einen reden vielleicht etwas quirliger, die andern wissen dafür mit geselligem Stolz, die Zugezogenen an den Schönheiten und Genüssen der Stadt teilhaben zu lassen. Der Stadtlauf, das Lucerne Festival, das Luzerner Theater, das Stadtfest, die bodenständige Küche, der Lucerne Marathon, der Wochenmarkt – letztlich hebt uns dieses Verschworensein mit dem Ort ab von all den Menschen aus aller Welt, die nach Luzern reisen, um es sich anzusehen. Die Gäste überstrahlen mit dem kosmopolitischen Hauch die provinzielle Grundnote dieser Stadt, die ihr innewohnen würde und die mir sehr behagt. Luzern strahlt Geborgenheit aus.

Ab wann aber ist man wirklich angekommen als eine von denen in einer Stadt, in der man sonst Besucherin wäre?
Wenn Todesanzeigen nicht mehr blosse Namen sind, sondern Vater von, Mutter von, Sohn von.
Wenn der Anblick von all den Kaugummiflecken auf dem Europaplatz denkbar traurig stimmt.
Wenn die Baustellen in der Stadt wie eine Operation am offenen Herzen anmuten.
Wenn der Wahlzettel bei Regierungswahlen sich füllt mit Menschen, denen man eine Stimme gibt, weil man sie kennt und schätzt.
Wenn man auf der Seebrücke anhält, um nicht in ein Selfie hineinzulaufen.
Wenn der Einkauf am Markt in einem spontanen Apéro endet.
Wenn man jederzeit bei Brigitte Steinemann im Keramikatelier auf einen Kaffee vorbeigehen kann.
Wenn die Tour mit der Freundin über den Dietschiberg auch eine angeregte Tour durch Luzerns Internas wird.
Wenn man bei Lebensfragen aller Art eine Kollegin aus dem Soroptimist anrufen kann.
Wenn Geschäftsinhaber zu einem Schwatz aufgelegt sind.
Wenn man beim Smalltalk über Wanderwege Bescheid weiss.
Und vor allem:
Wenn ich auf Anhieb richtig einspure auf der Seebrücke oder im Hirschengraben.

Kehre ich von einem Trip nach Luzern zurück, muss ich zuerst einmal über die Kapellbrücke spazieren, um anzukommen. Die eine oder andere Schindel auf deren Dach gehört jetzt auch ein ganz klein wenig mir. Und ja, der See, sein Smaragdgrünblau und die aquatische Brise lassen mich heimisch fühlen. Bei allen Wettern – und deren gibt es viele in Luzern.
Ob ich zurück ins Wallis möchte? Besuchen: Ja. Für immer: Wozu?

Nadelwehr, Luzern
Needle Dam in Lucerne

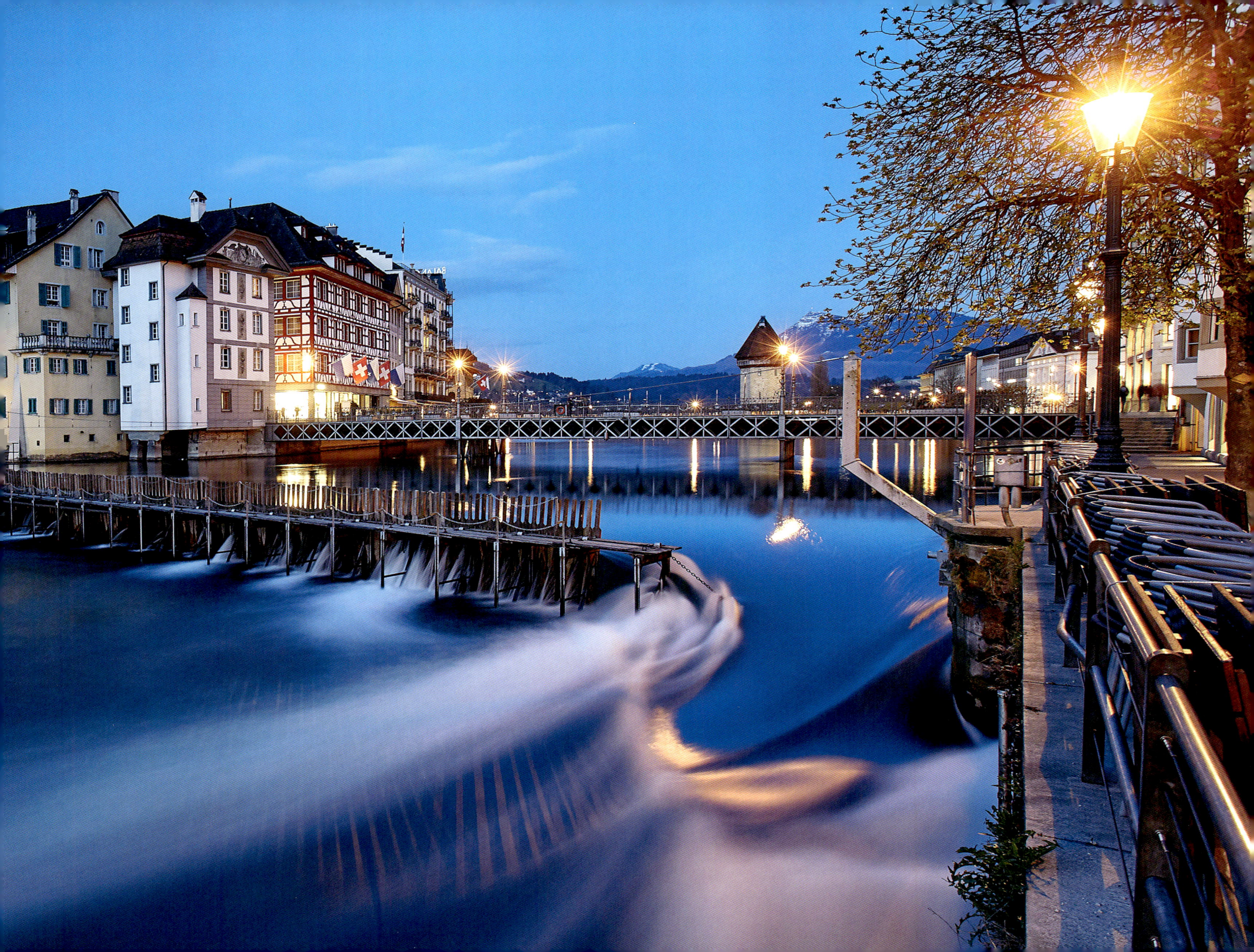

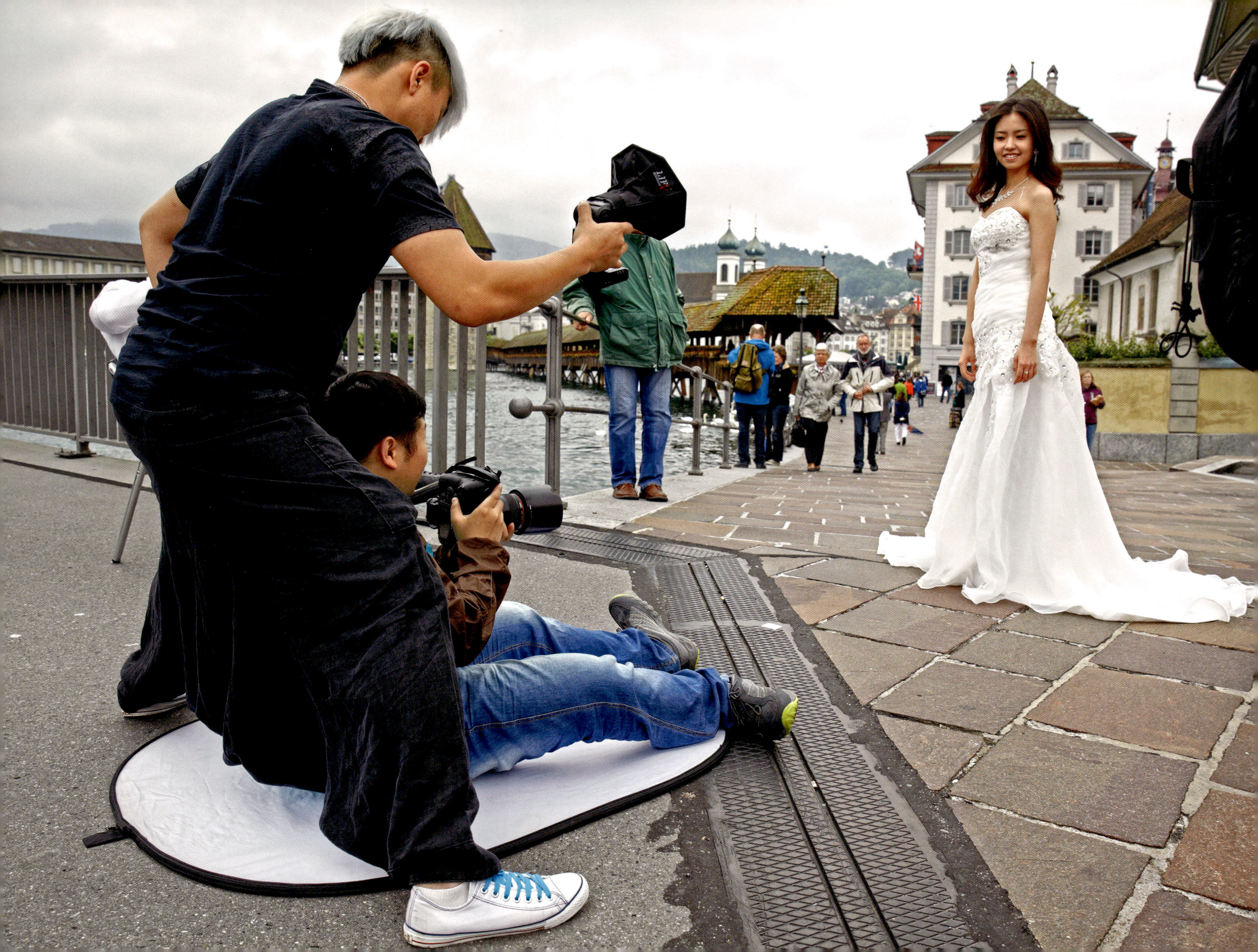

Hochzeitsfotos in Luzern
Wedding photos in Lucerne

Selfie mit Kapellbrücke und Pilatus
Selfie with the Chapel Bridge and the Pilatus

Das Löwendenkmal Luzern wird gereinigt
The Lion Monument Lucerne is cleaned

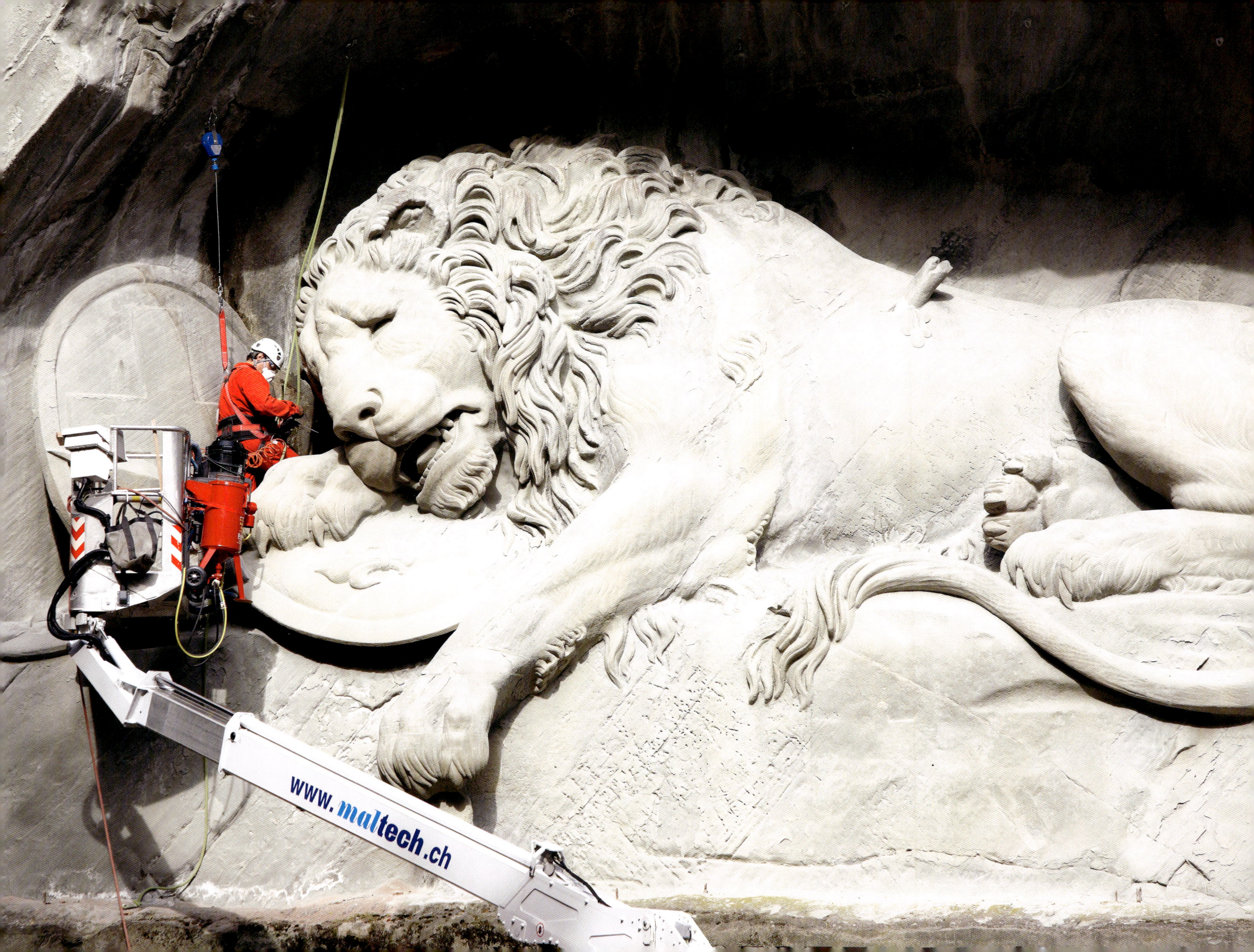
www.maltech.ch

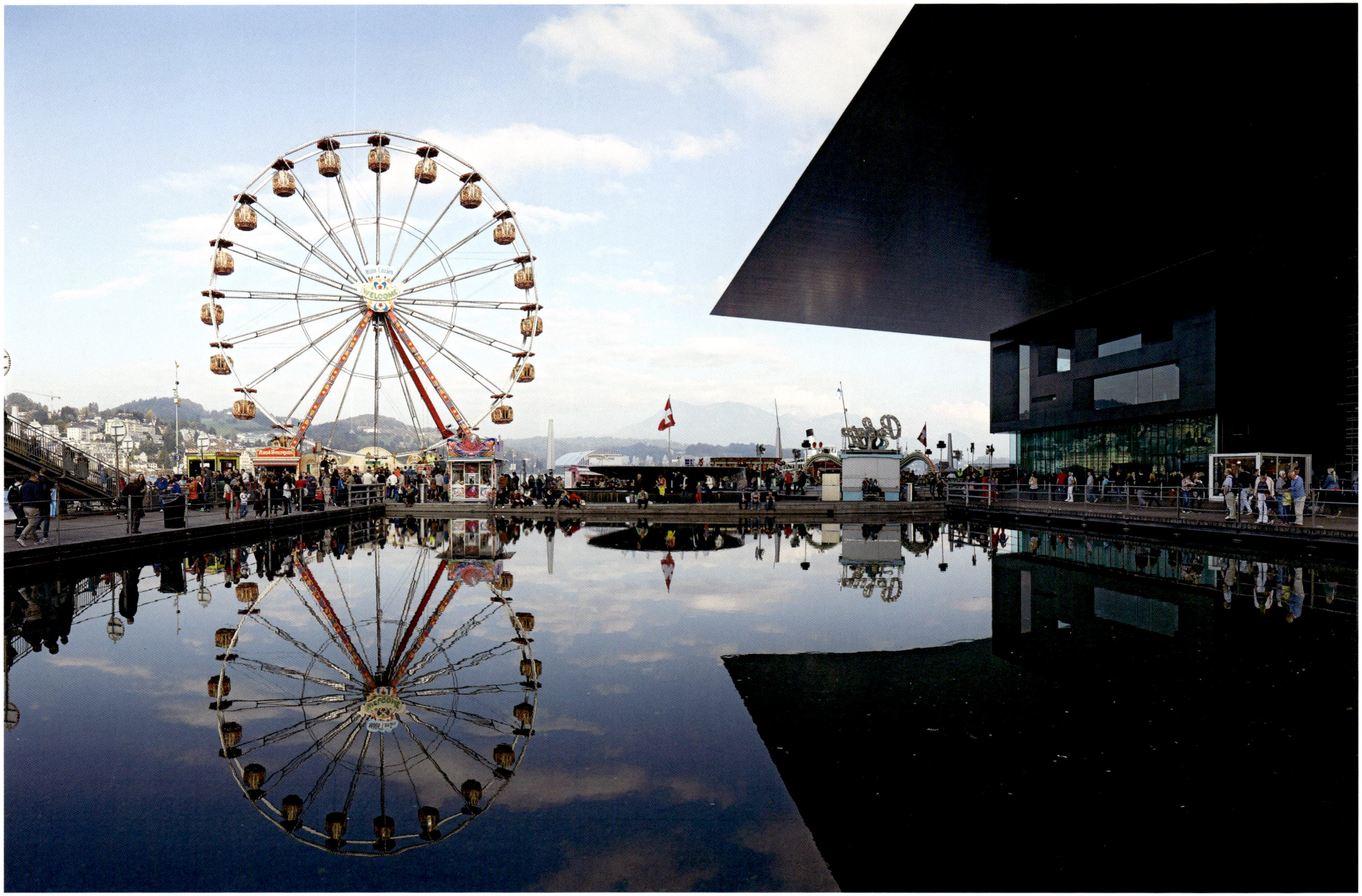

Herbstmesse auf dem Europaplatz vor dem Kultur- und Kongresszentrum Luzern
Autumn Fair on the Europaplatz in front of the Culture and Convention Centre Lucerne

Schwanenplatz mit Seebrücke und Pilatus, Luzern
Schwanenplatz in Lucerne, with Lake Bridge and Pilatus

Tourist auf dem Schwanenplatz, Luzern
Tourist on the Schwanenplatz, Lucerne

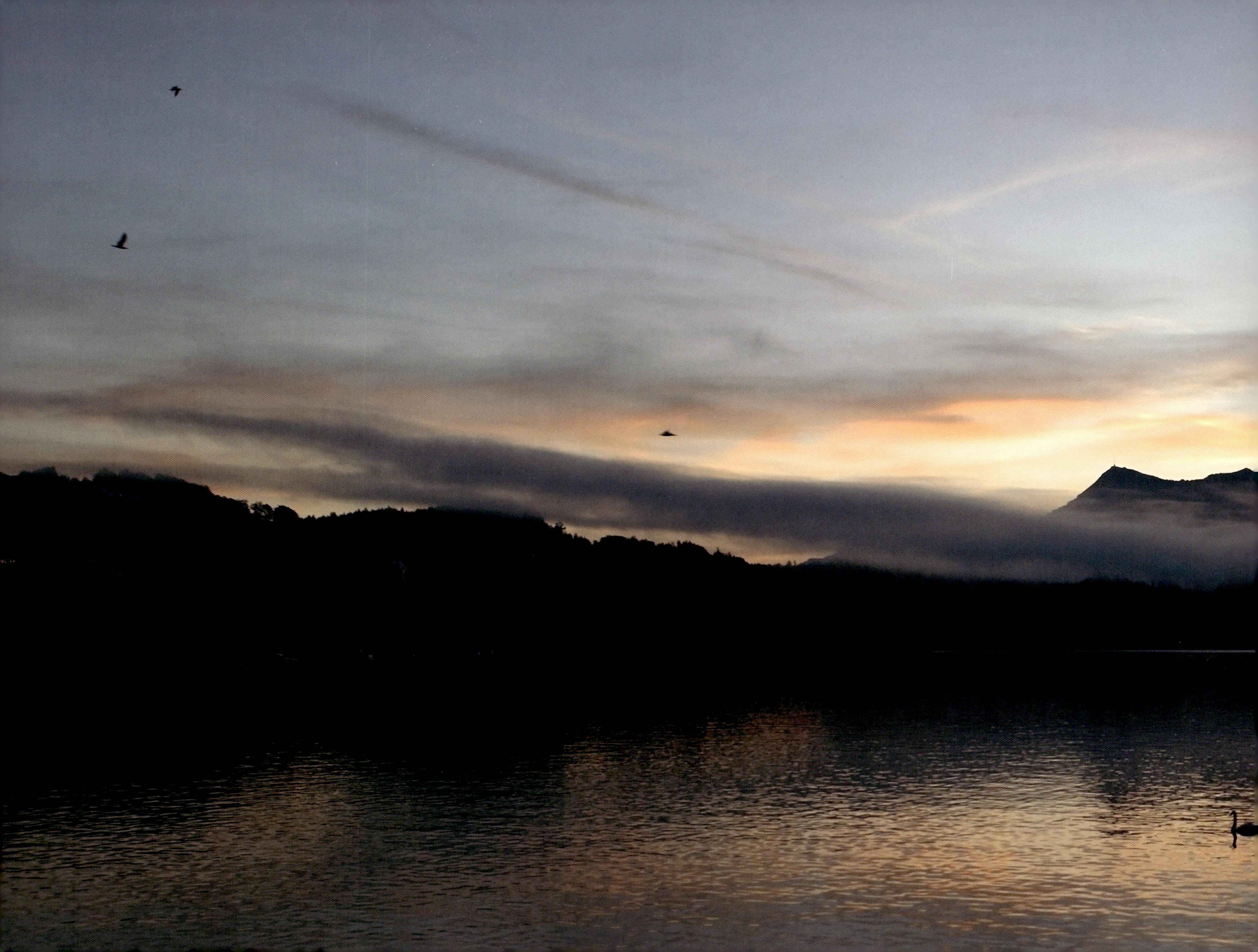

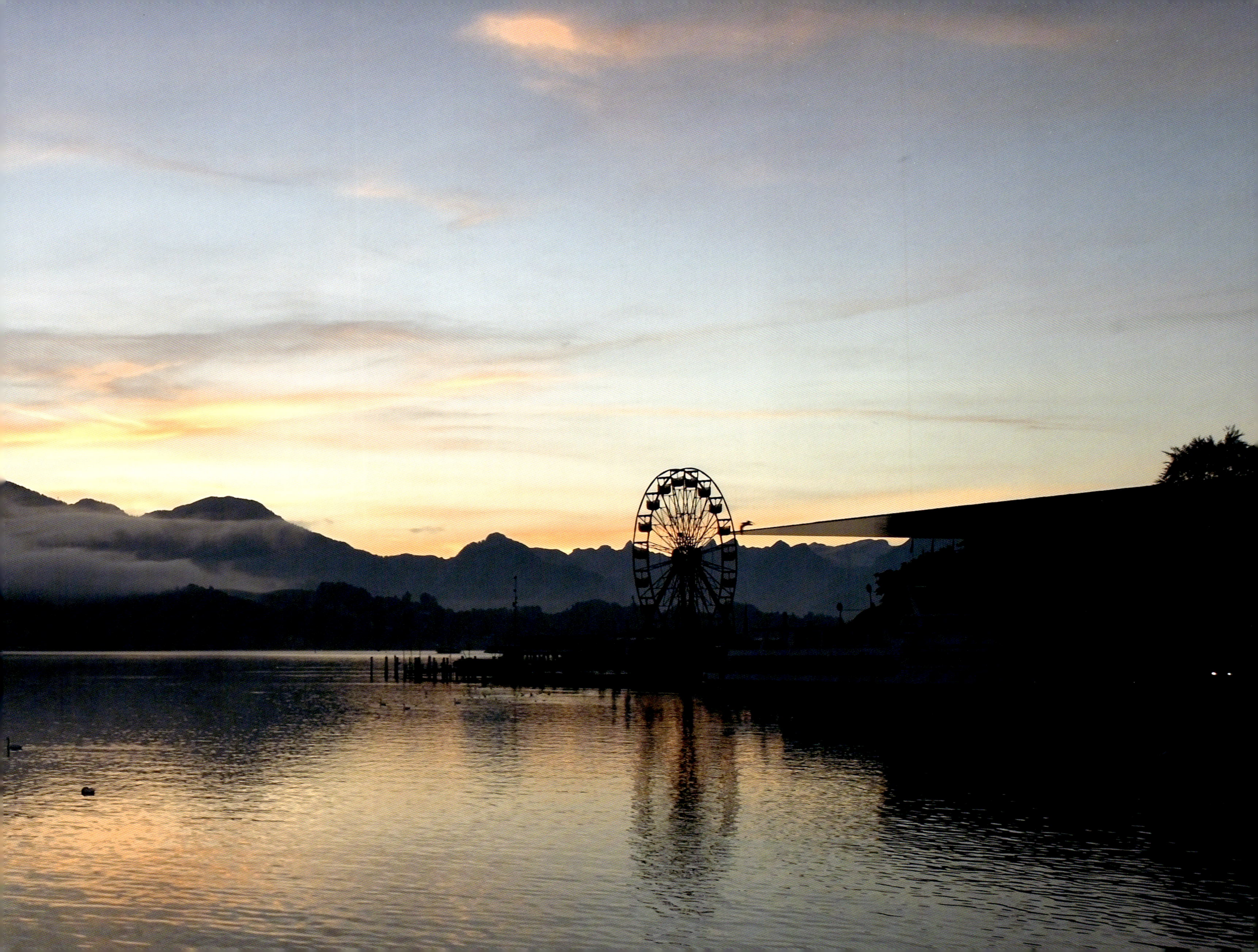

Visiting Lucerne is different from living in Lucerne
Susanne Perren

I needed a certain fragrance. This fleeting moment of perception that makes you believe you are at home in a place. I moved to Lucerne in 2006, from the city of Brig, where I had grown up and where I knew how the weather was changing when the sweet aroma of geraniums on the balconies hit me in the nose. Or this crystalline freshness that whispered to you in the late autumn. It smells like snow, while there's already fog on the Belalp. But now I was new in Lucerne, aged 37, as the „wife of …", for whom no one had been waiting.
Moving to Lucerne. Experiencing once again all the things that are possible in this life. With people who do not think they know you once and for all. To rewrite one's story, even if you don't know whether you like the content at all. Visiting Lucerne is different from living in Lucerne. The latter option is better.

Lucerne was a fleeting acquaintance for me. Bern, Zurich, Milan were part of the inner circle of friends resulting from frequent visits. I found the City of Lights „beautiful", while everyone else affirms: „So beautiful", even the folks back home, and the locals in any case. Lucerne seemed to me to be somewhat voluptuous, slightly slower than the business-driven Zurich, a bit provincial. I also don't actually like long straight lengths that separate, like the Seebrücke, and that demand a decision: here, or over there. And if you change, it takes a long time (although objectively it takes three, or at the most four entertaining minutes). I'm used to things being more compact.

In the first night, I experienced what I would later miss if I ran away from here: the full-bodied lake air. The lake itself.
It gives me that immediate feeling of vastness. I saw the horizon for the first time, in the literal sense, because I came from a valley that is two kilometres wide at best, and whose walls rise 4,000 metres high. Lucerne re-aligned my vision for distance.
It felt good. Free. More open. And the varieties open to me also increased many times over. I could suddenly go out in any direction, rather than merely choose between the left or right side of the valley, and I always found a destination. The Stanserhorn, the Pilatus, the Glaubenberg, the Sonnenberg, the Sedel, Küssnacht am Rigi, Brunni, Heiligkreuz, the Rigi, the Schächental valley – I often travelled with my husband, but also alone, as on the foggy day on the Heitertannliweg going towards the Pilatus, in sneakers, after all, we're not on the Matterhorn, I thought - greenhorn! Pilatus, I tip my hat to you, and will only wear decent footwear when I go off-road.

There was a way back from every destination: the Zentralbahn, the S-Bahn, a bus and, if there's nothing else running, there's certainly a ship on the lake, the highest feeling of travel there is. That alone is really a great deal, but is not everything. I would miss the addresses of people I was able to visit spontaneously for a coffee, who made me feel I was one of them, who showed me the essence of the Lucerne character and let me share it. Indeed, we were and are invited to party after party, and were received with open arms at every occasion. This has brought me many passing, and quite amusing acquaintances, and, over time, some valuable friendships.

We are basically very similar, people from Lucerne and people from Valais, with traditional roots and a love of carnival. Some may talk a little exuberantly, while others, with convivial pride, know how to let the newcomers participate in the beauties and pleasures of the city. The Stadtlauf, the Lucerne Festival, the Lucerne Theatre, the Stadtfest, the down-to-earth cuisine, the Lucerne Marathon, the weekly market – in the end, it's all these complicities with the place itself that elevate us above all the people around the world who travel to Lucerne to look at it. The cosmopolitan touch of these guests outshines the basically provincial note of this city, which grows into you, and pleases me a great deal. Lucerne emanates a feeling of security.

But at what point have you really arrived, as one of those people in a city in which you would otherwise be a visitor?
When obituaries no longer simply give the name, but also ‚father of', ‚mother of', ‚son of'.
When the sight of all the chewing gum stains on the Europaplatz makes you inconceivably sad. When the construction sites in the city seem like open-heart surgery.
When the ballot papers for the local government elections are filled with people you vote for because you know and appreciate them.
When you stop on the Seebrücke to avoid walking into someone's selfie.
When shopping at the market ends up in a spontaneous aperitif.
When you can drop in for a coffee with Brigitte Steinemann at any time in the ceramic studio.
When the tour on the Dietschiberg with a girlfriend also includes a lively tour of the inner life of Lucerne.
When you can call a colleague from the Soroptimist regarding all kinds of vital questions.
When shop owners are always open to a chat.
When you find things out through small talk on hiking trails. And, above all, for me:
When I get into the right lane on the Seebrücke or in the Hirschengraben without any effort.

Whenever I return to Lucerne from a trip, I first have to walk over the Chapel Bridge to be sure I've arrived. A little bit of one or the other shingle on its roof now belongs to me as well. And yes, the lake, its emerald green-blue and the aquatic breeze makes me feel at home. In all weathers - and there's plenty of that in Lucerne.
Would I like to move back to Valais? To visit: Yes. For ever: Why should I?

Schloss Wyher, Ettiswil
Castle Wyher, Ettiswil

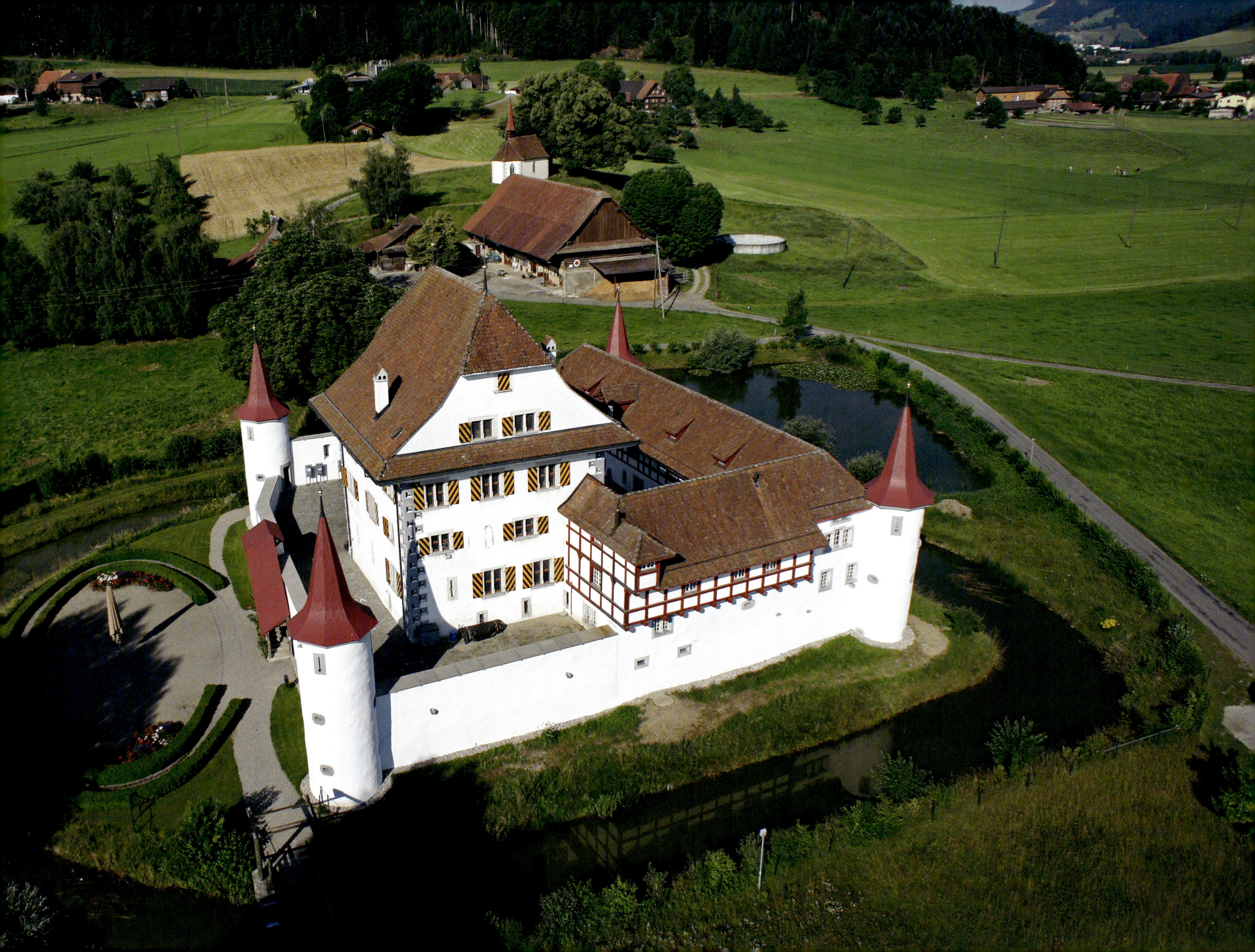

Wallfahrtskapelle Gormund mit Golfplatz Sempachersee
Gormund Pilgrimage Chapel and the golf course at Sempach

Stiftskirche, Beromünster
Collegiate Church, Beromünster

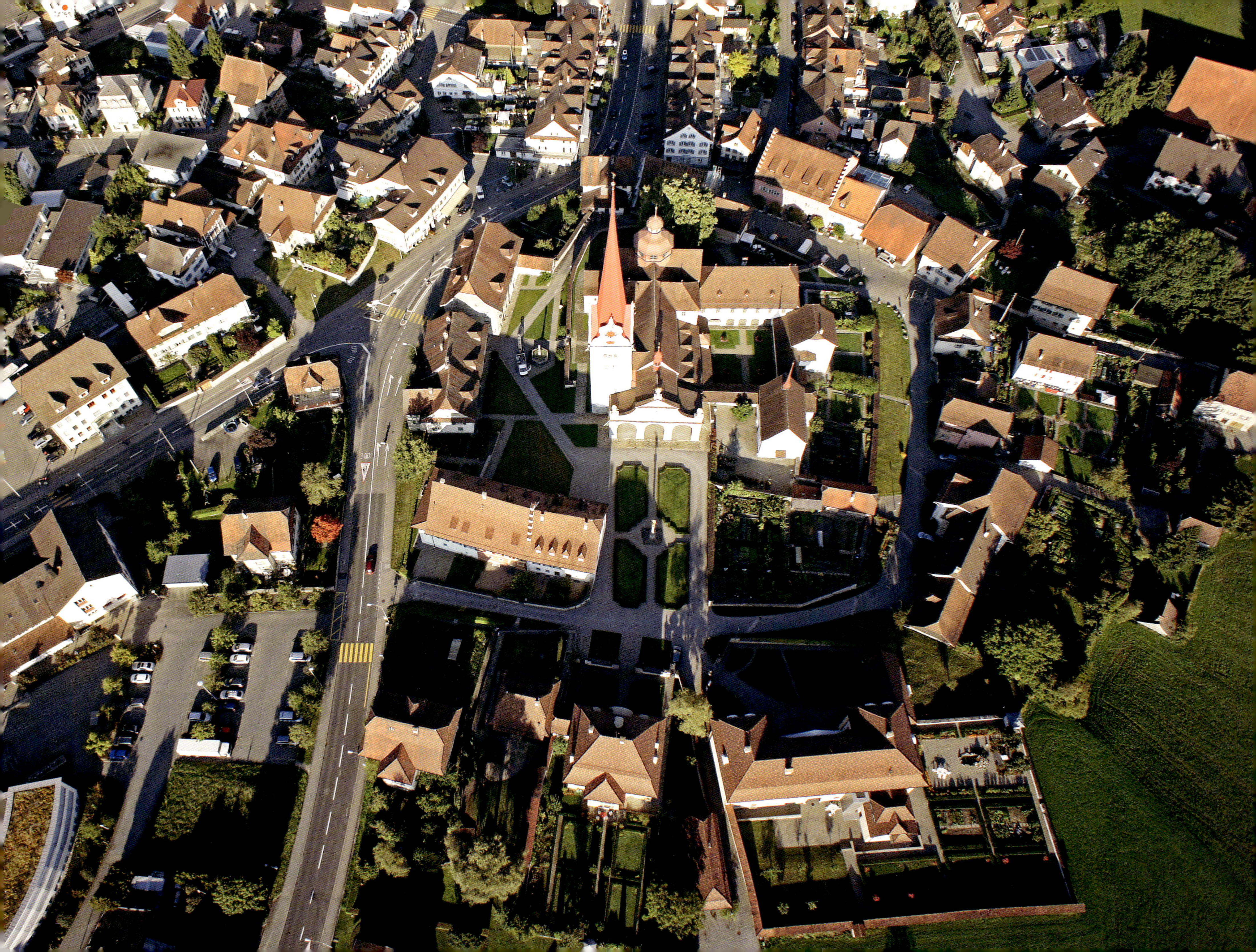

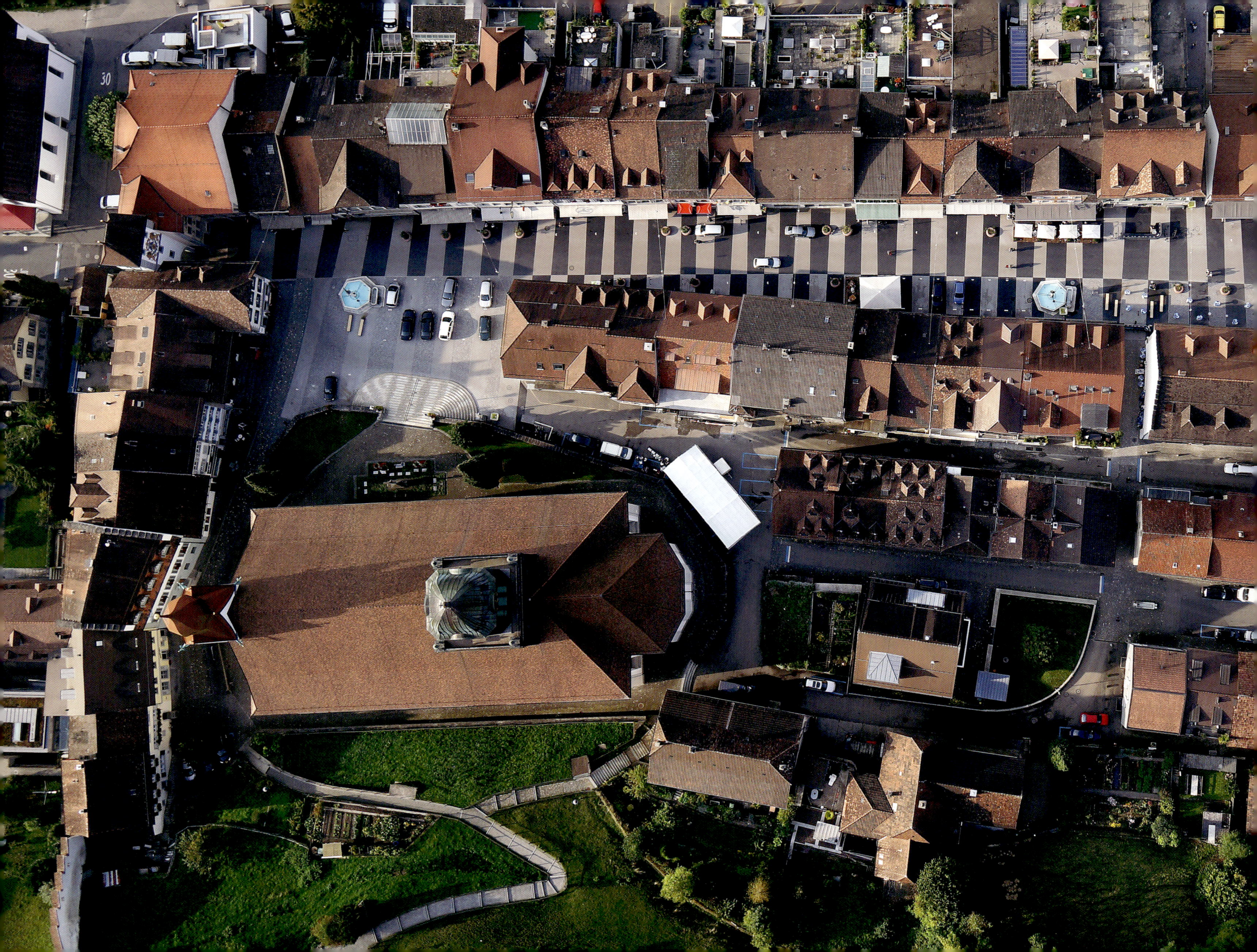

Stadt Willisau
City of Willisau

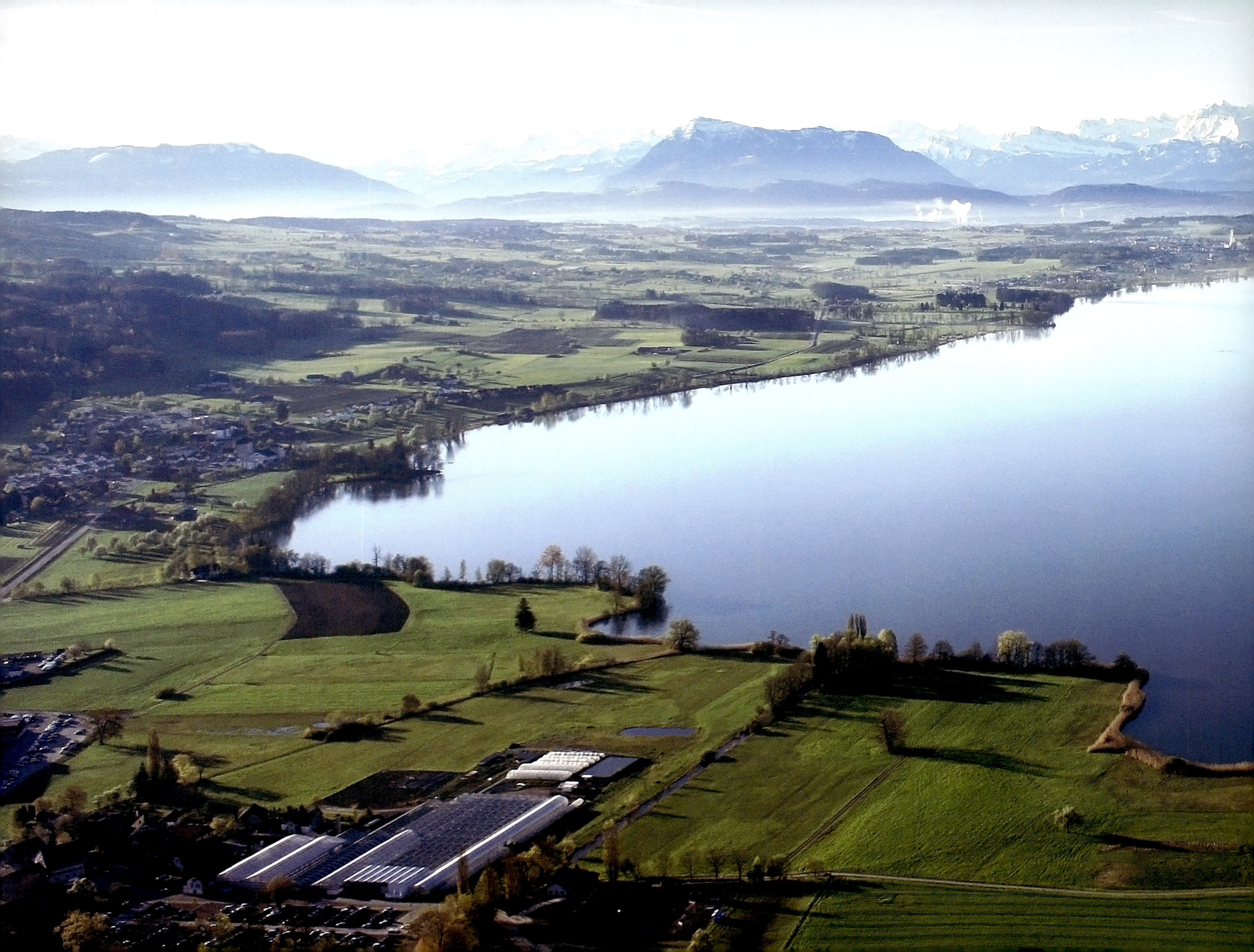

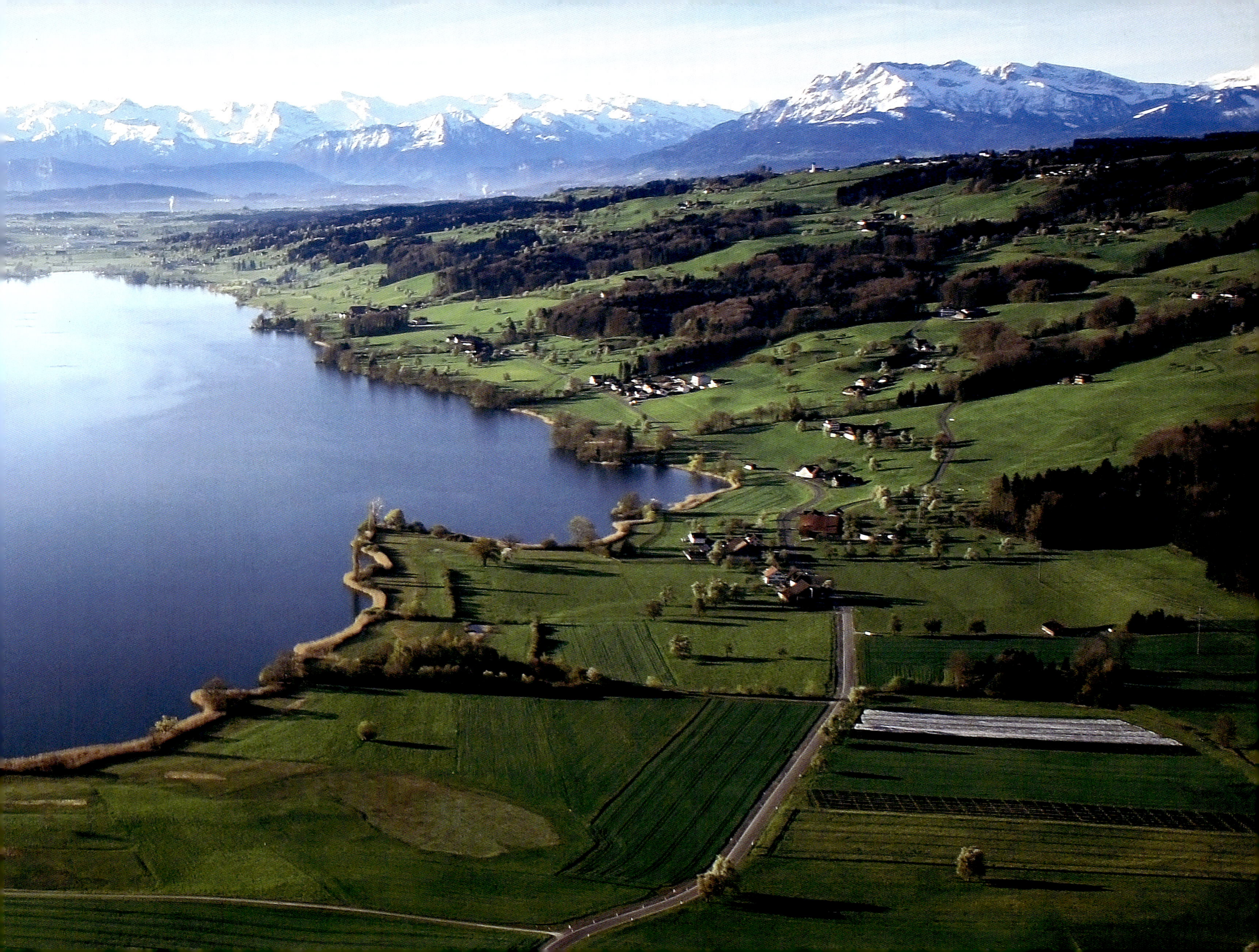

Baldeggersee und Alpen
Lake Baldegg and the Alps

Baumlabyrinth in Nottwil
Tree maze in Nottwil

Sempachersee
Sunset at Lake Sempach

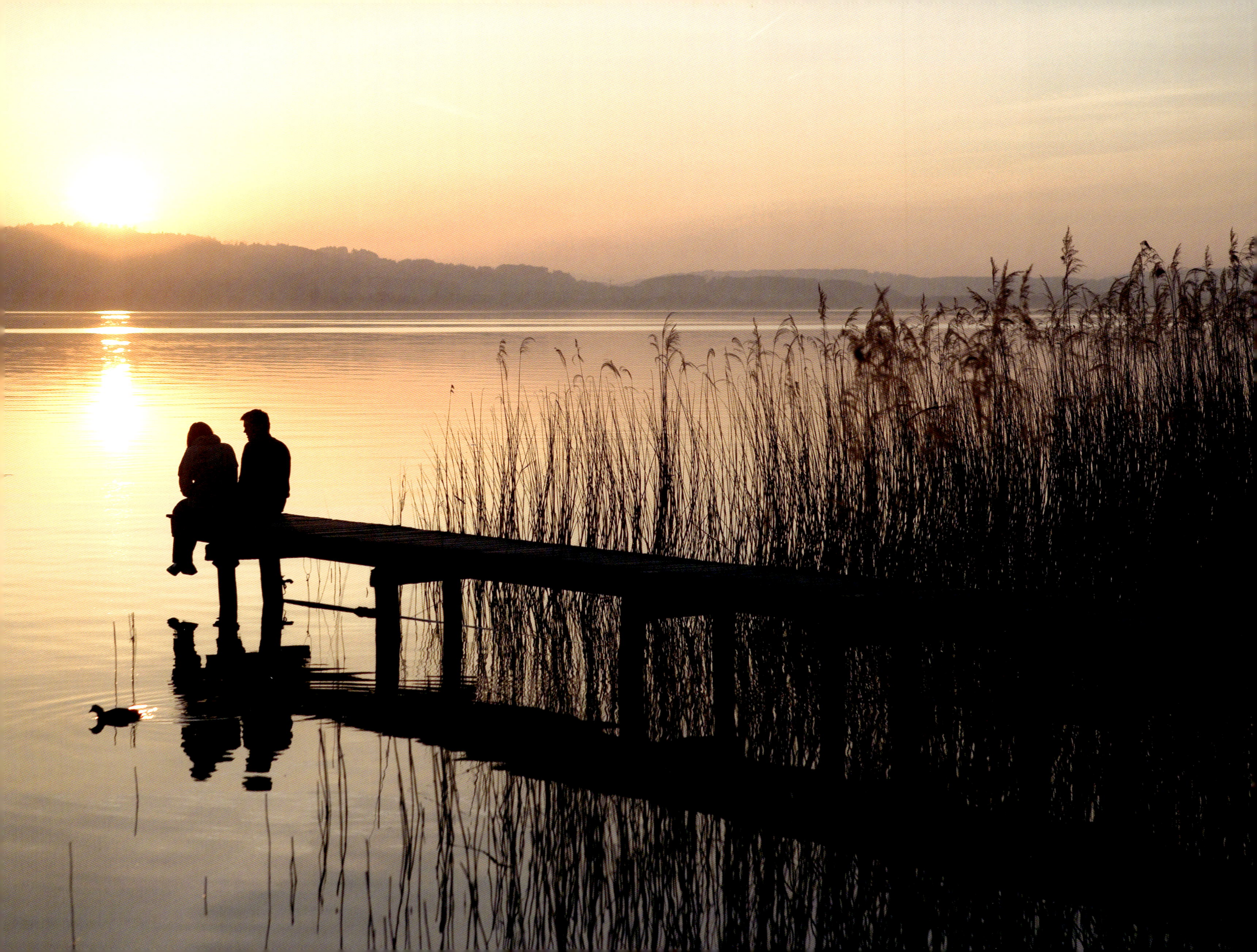

Schloss Mauensee
Mauensee Castle

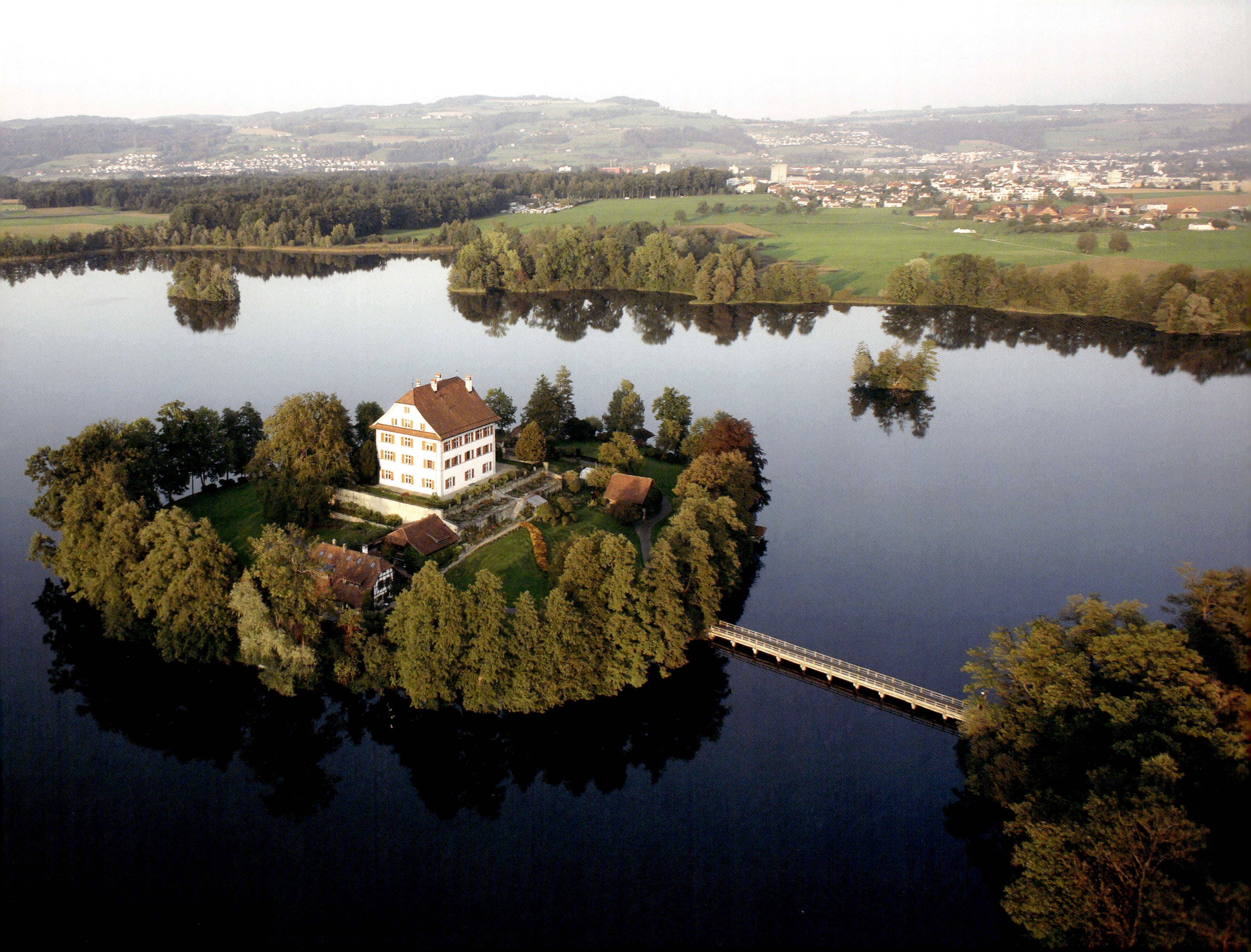

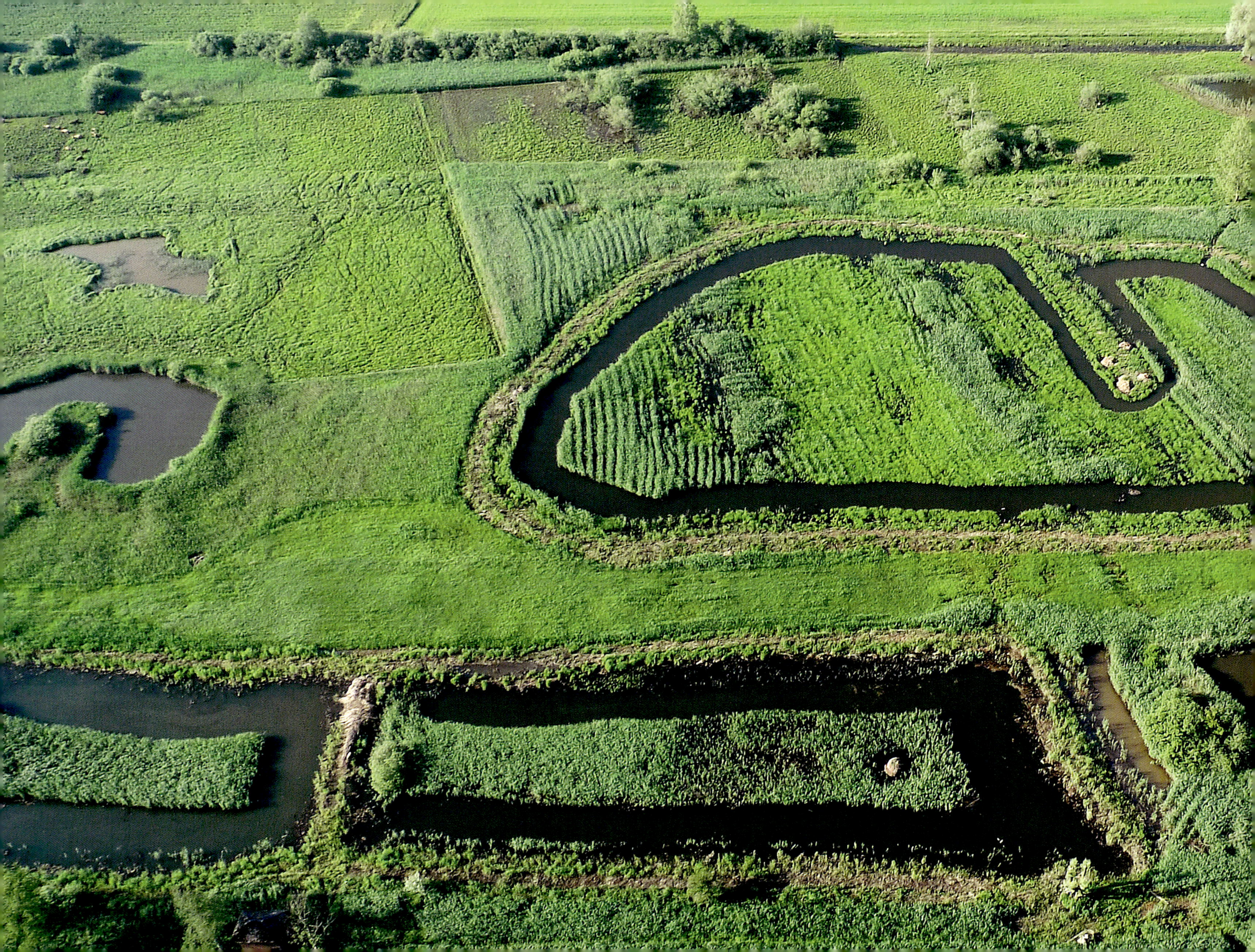

Naturschutzgebiet Wauwilermoos
Wauwilermoos nature reserve

Kneippanlage Schwandalpweiher, Flühli, Entlebuch
Schwandalpweiher Kneipp facility in Flühli, Entlebuch

Stäublig Wasserfall, Sigigen LU
Stäublig waterfall, Sigigen LU

200 Jahre Tourismus in der Zentralschweiz
Stefan Ragaz

Vor rund 200 Jahren – mit der Aufklärung in Europa, dem Zusammenbruch der alten Herrschaft in der Schweiz und mit der Reiselust einer neuen europäischen Elite – schlug die Geburtsstunde des modernen Tourismus, zu einem wesentlichen Teil in der Innerschweiz. Nicht mehr nur Pilger und Kurgäste entdeckten nun die Alpen, sondern auch Maler, Literaten sowie eine reiche Oberschicht, die ohne Zweck, nur zum Vergnügen, nur um des Reisens willen in die Schweiz kam.

1815, nach dem Ende der Napoleonischen Kriege und der Aufhebung der Kontinentalsperre, die es den Engländern seit 1805 verunmöglicht hatte, nach Europa zu kommen, wurde die Schweiz von den vermögenden Engländern als Reiseland entdeckt. Besonders die Innerschweiz hatte es den Engländern angetan. Natur, Geschichte und Hirtenidylle waren hier in überschaubarer und komprimierter Form zu bewundern.

«Sein schauerlicher Karackter»

«Wegen seines pitoresken, romantischen, grossen und schauerlichen Karackters, und der grossen Mannigfaltigkeit in den Nüanzierungen desselben» sei der Vierwaldstättersee «einer der interessantesten Seen der Schweitz», hiess es schon in einem Reiseführer von 1793. 1885, nachdem die technischen Errungenschaften wie Dampfschifffahrt, Eisenbahn und Bergbahnen hinzugekommen waren, schrieb Gustav Peyer in seinem bekannten Reiseführer, der Vierwaldstättersee sei «nicht nur der centralste und grossartigste, sondern auch der besuchteste aller Schweizer Seen», und dass selbst «das gefeierte Berner Oberland [...], was die Massenhaftigkeit des Fremdenandrangs betrifft, mit den romantischen Waldstätten nicht mehr concurrieren» könne.

Rigi prägt das Bild der Schweiz

Eine zentrale Bedeutung kam immer der Rigi zu. Was die Besucher auf der Rigi erlebten, prägte das touristische Bild der Schweiz und ihre Aussenwahrnehmung. Künstler und Monarchen schwärmten von den Sonnenaufgängen, Naturforscher vermassen die Alpen von der Rigi aus. Heinrich Keller aus Zürich begann 1804, die Aussicht von der Rigi in Panoramabildern zu malen. Er machte die Königin der Berge bekannt. Keller war es auch, der Geld sammelte, um ein Berggasthaus auf der Rigi zu bauen.

Bis zu diesem Zeitpunkt gab es nur bescheidene Übernachtungs- und Verpflegungsmöglichkeiten auf Rigi Klösterli und Rigi-Kaltbad. 1816 wurde das erste Gipfelhotel der Schweiz eröffnet. Es zählte sechs Betten. Gleichzeitig öffnete mit dem Goldenen Adler in Küssnacht auch das erste Seehotel. Mit einem Schlag hatte die Innerschweiz nicht nur ein Gipfel-, sondern auch ein Seehotel. Nun war es für Gäste aus der Schweiz und Europa möglich, eine bequeme Tour in die Alpen mit Übernachtungsmöglichkeiten zu unternehmen.

Das erste Alpenhotel der Schweiz

Tatsächlich steht die Eröffnung des ersten Berggasthauses auf

Rigi-Kulm für den Beginn einer neuen Ära des Reisens. In der Tourismusgeschichte wird sie auch als die «Geburtsstunde der alpinen Hotellerie» bezeichnet. In den anderen Tourismusregionen folgte man dem Beispiel. Gasthäuser entstanden im Berner Oberland auf dem Faulhorn (1823), auf der Kleinen Scheidegg (1840) und auf dem Brienzer Rothorn (1840), gefolgt von den Unterkünften für die ersten Alpinisten im Wallis.

Erst jetzt waren die Voraussetzungen für den Aufschwung auch in Luzern geschaffen. Mit der Rigi als Reiseziel und dem Vierwaldstättersee als pittoreskem Verkehrsweg wuchs die touristische Bedeutung der Zentralschweiz rasch. Fast gleichzeitig entstand das erste Seehotel in Luzern, der Schwanen (1835), und fuhr das erste Dampfschiff, die Stadt Luzern (1837).

Beginn des modernen Tourismus

Spätestens mit der Einführung der Dampfschifffahrt wurde der Vierwaldstättersee zu einer touristischen Drehscheibe der ganzen Zentralschweiz. Schon damals bildete eine Fahrt mit dem Dampfschiff häufig den Ausgangs- oder Endpunkt einer Reise zu historischen oder landschaftlichen Sehenswürdigkeiten.

Mit der Dampfschifffahrt begann auch der moderne Tourismus. Er war eine Folge der Industrialisierung, die nicht nur Innovationen (wie auch die Eisenbahn) und Pionierleistungen (wie später die Bergbahnen) hervorbrachte, sondern auch eine bürgerliche Elite, die willig war, ihr Geld für Reisen auszugeben.

Dabei profitierte die Vierwaldstätterseeregion nicht nur von den Schönheiten der Natur und dem frühen Ausbau der Hotel- und Verkehrsinfrastruktur, sondern auch von der prominenten Geschichte der Eidgenossenschaft.

Geschichte als Standortvorteil

Die gebildeten Europäer dürstete es nach Geschichtsidylle. Sie erlebten ihr eigenes 19. Jahrhundert als eine Zeit der Wirren mit bürgerlichen Revolutionen und aristokratischen Gegenrevolutionen. In der Schweiz vermischten sich die Freiheitslegenden mit der Idylle einer heilen, wenn auch armen Welt. Hier suchten die Europäer, was sie unter einer freiheitlichen Gesellschaft verstanden.

Besonders in der Innerschweiz manifestierte sich die Erinnerungskultur als ein nachhaltiger Standortvorteil. Schon in der ersten Hälfte des 19. Jahrhunderts – besonders nach der Uraufführung des Tell-Dramas von Friedrich Schiller in Weimar (1804) – wussten die Menschen in der Innerschweiz um die Ausstrahlungskraft ihrer Geschichtsüberlieferung.

Verklärung von Orten und Menschen

Geschichte zu inszenieren, lag in der Urschweiz angesichts der Fülle von historischen Stätten auf der Hand. Bewusst und erfolgreich wurden Teile des historischen Selbstverständnisses umgedeutet in mystische Überhöhungen von Orten und Persönlichkeiten. So wurden nicht nur die Tell-Sage, sondern auch Niklaus von Flüe oder die

Rütli-Wiese benutzt, um Schweiz-Bilder zu fabrizieren, die sich an Touristen richteten.

In der Belle Epoque, der Zeit des langen Friedens zwischen dem Deutsch-Französischen Krieg von 1870/71 und dem Ersten Weltkrieg von 1914 bis 1918, fand sich wiederum die Rigi in der Rolle der touristischen Schrittmacherin. Beflügelt von den Zehntausenden von Besuchern wurde der Ausbau des kommerziellen Aussichtstourismus vorangetrieben. 1871 war die Rigi bereit für den Ansturm vor allem der deutschen Gäste. Mit der Eröffnung der Zahnradbahn von Vitznau auf die Rigi wurde ein regelrechter Boom ausgelöst.

Reisen wie im Kino
Eine der wesentlichen Voraussetzungen für den Bau der Rigi-Bahn war die Erschliessung der Zentralschweiz durch die Schweizerische Centralbahn. 1859 wurde der erste Bahnhof in Luzern eröffnet, die Anbindung an Basel (an Zürich erst ab 1864) führte zu einem Massenansturm von Gästen in Luzern und in der Innerschweiz.

Mit der Eisenbahn, die schnell, günstig und witterungsunabhängig war, wurde das Reisen revolutioniert. Wie in einem Kinositz bewegte sich der Fahrgast durch die Landschaft, die zu einem Teil des Reiseziels wurde. Es entstand ein neues Gefühl für Raum und Zeit; der Tourismus erreichte eine neue Mittelschicht.

Inbegriff der neuen Gruppenreisen, die mit der Eisenbahn aufkamen, war Thomas Cook. 1863 führte die erste Gruppenreise in die Schweiz, 1880 kamen wöchentlich Extrazüge mit englischen Gruppen von bis zu 150 Personen in Luzern an. Luzern, Engelberg, die Rigi und die italienischen Seen waren das Standardprogramm einer sechstägigen All-inclusive-Reise.

Die eigentliche Hochkonjunktur erlebte die Region aber erst nach der Wirtschaftskrise um 1885. Zwischen 1890 und 1910, in den goldenen Jahren der Belle Epoque, boomte die Hotellerie. Alleine in der Stadt Luzern entstanden 28 neue Hotels, und die Zahl der Gästebetten vervielfachte sich zwischen 1892 und 1914 von 3800 auf 9400.

Könige machen Werbung
Eine nicht zu unterschätzende Werbewirkung hatten die Reisen der «allerhöchsten Gäste», der gekrönten Häupter. Die englische Königin Victoria verbrachte die Sommerferien 1868 in der Zentralschweiz, teilweise inkognito. Bekannt ist ihr Besuch der Baustelle des Grand Hotels Axenstein. Der deutsche Kaiser Wilhelm II. besuchte Luzern auf seinem Staatsbesuch von 1893.

Die eigentliche Blütezeit des Tourismus dauerte bis 1914. Mit dem Ausbruch des Ersten Weltkriegs im Juli 1914 blieben auch die Gäste aus – schlagartig. Luzern zählte im August 1913 noch 73 786 Reisegäste, im August 1914 war die Zahl auf 8937 gesunken.

Frutt Lodge & Spa, Melchsee-Frutt
Frutt Lodge & Spa, Melchsee-Frutt

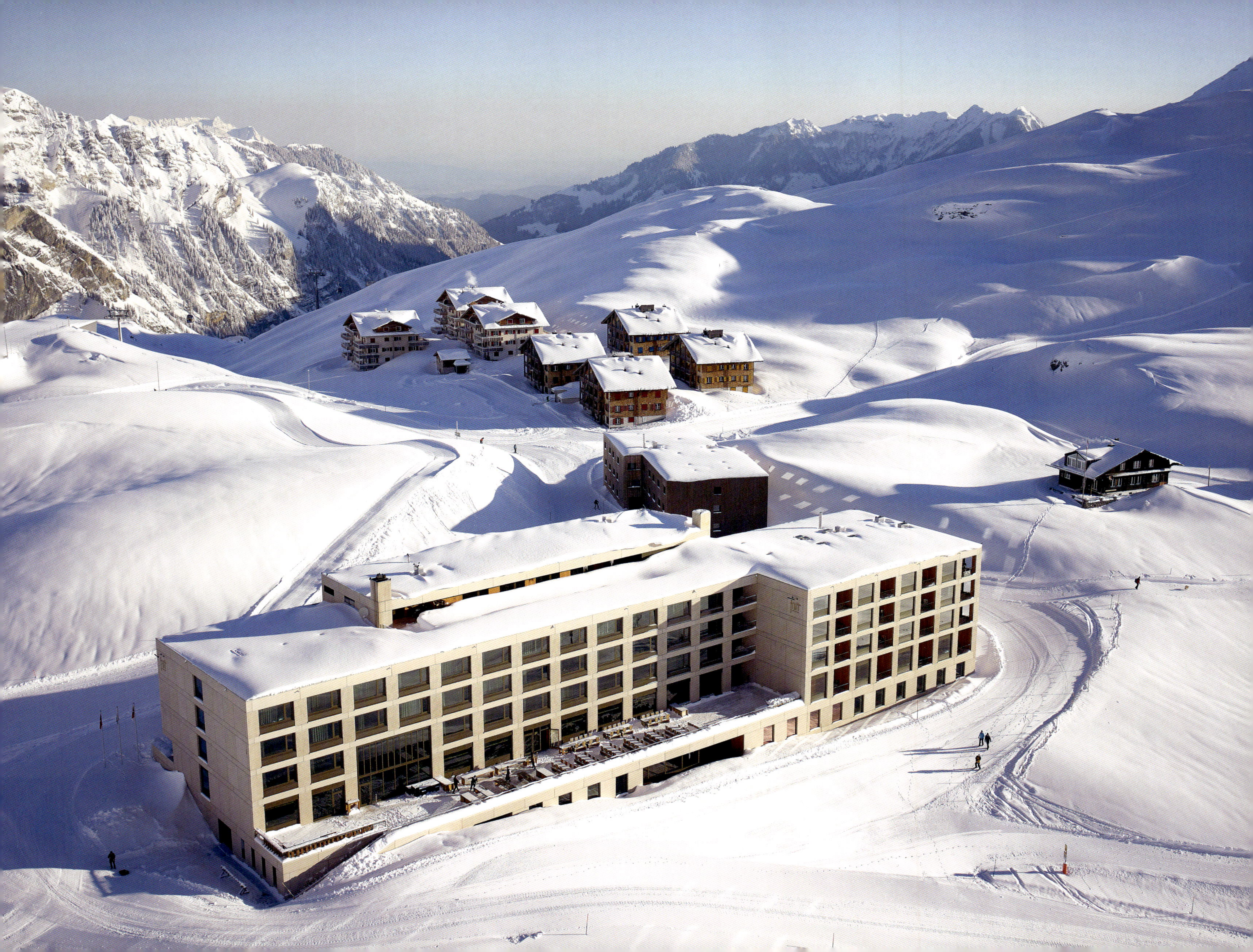

Dragon Ride Pilatus
Dragon Ride on Mount Pilatus

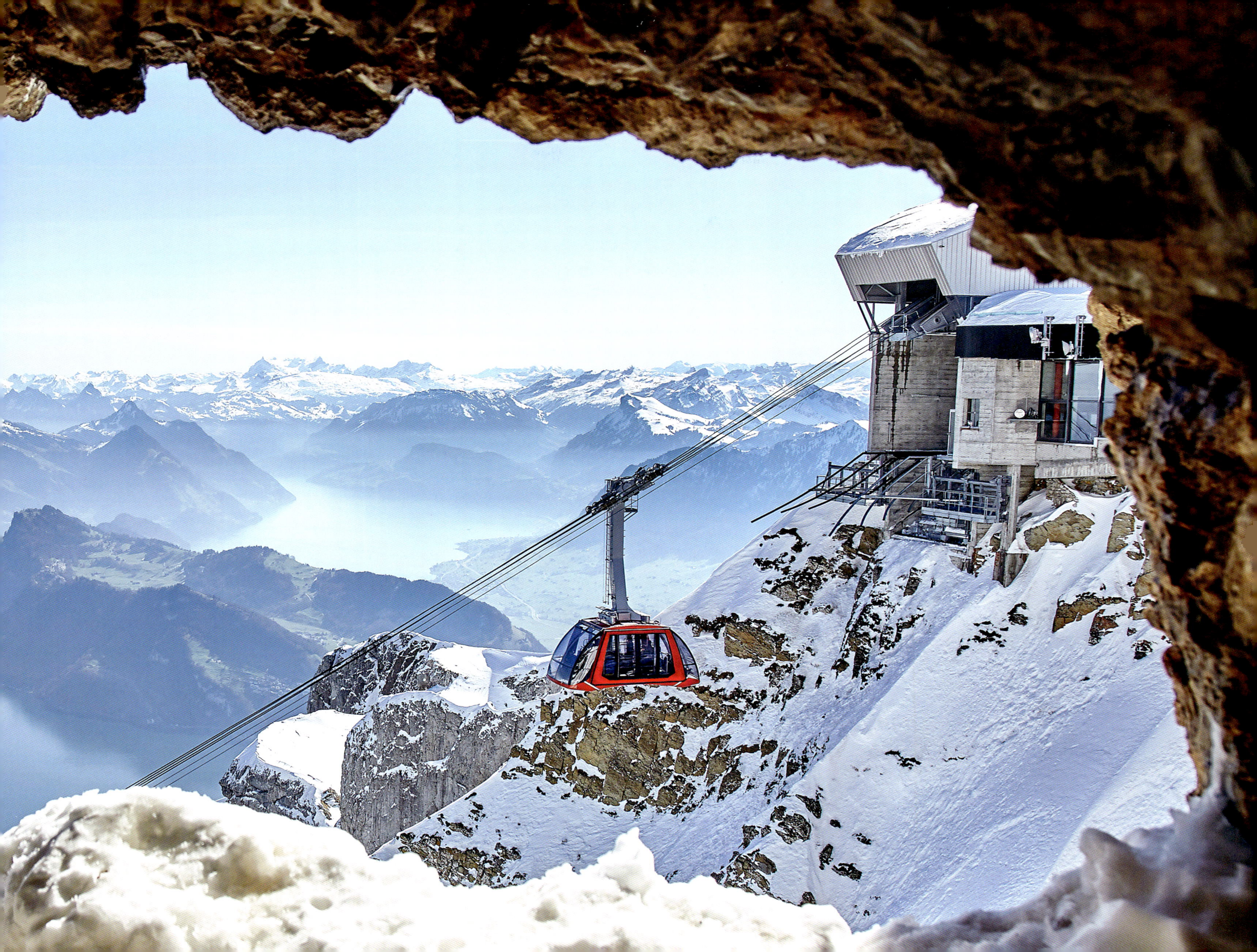

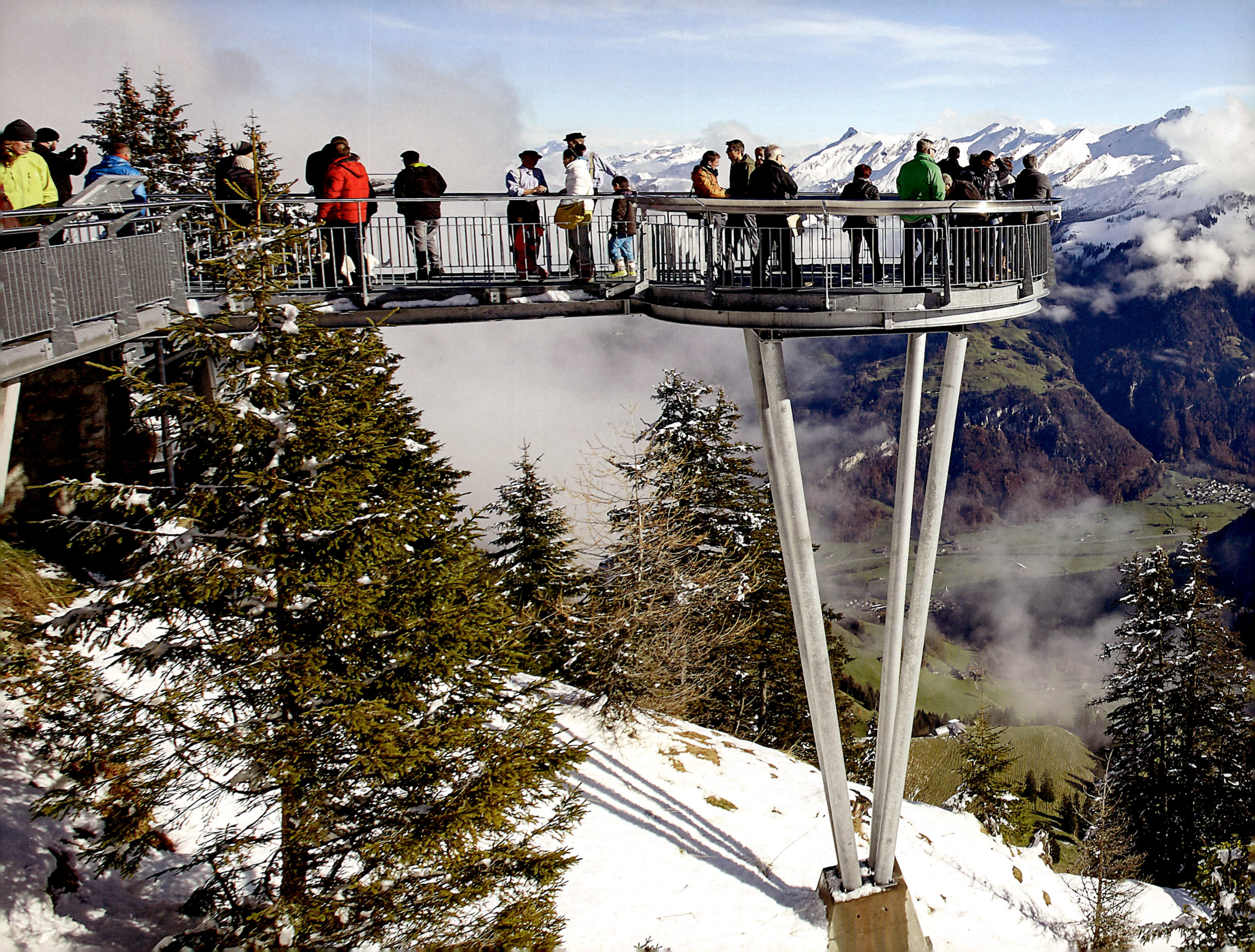

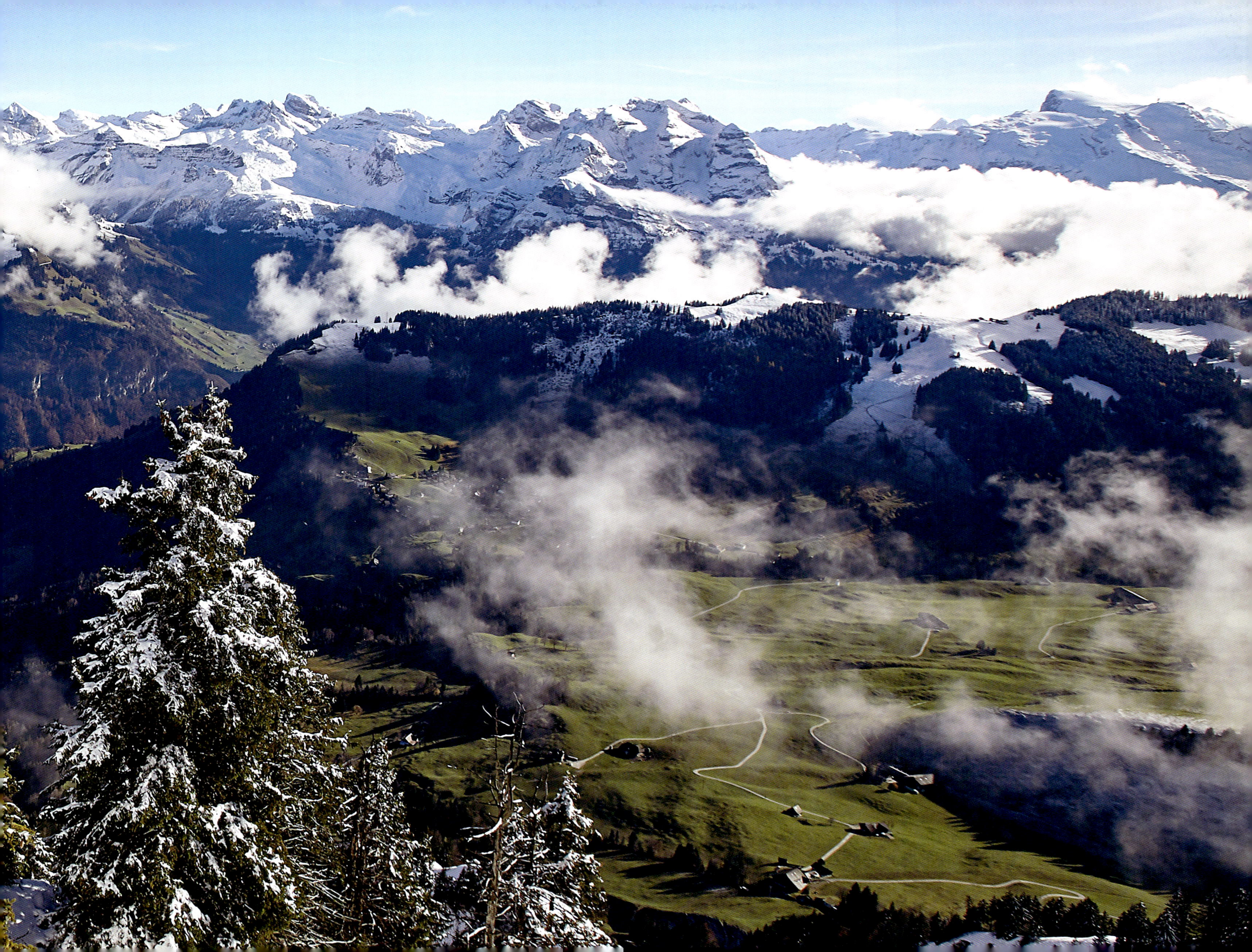

Aussichtsplattform Stanserhorn
Viewing platform on the Stanserhorn

Weltneuheit Stanserhorn CabriO-Bahn
A world's first – the CabriO cable car on the Stanserhorn mountain

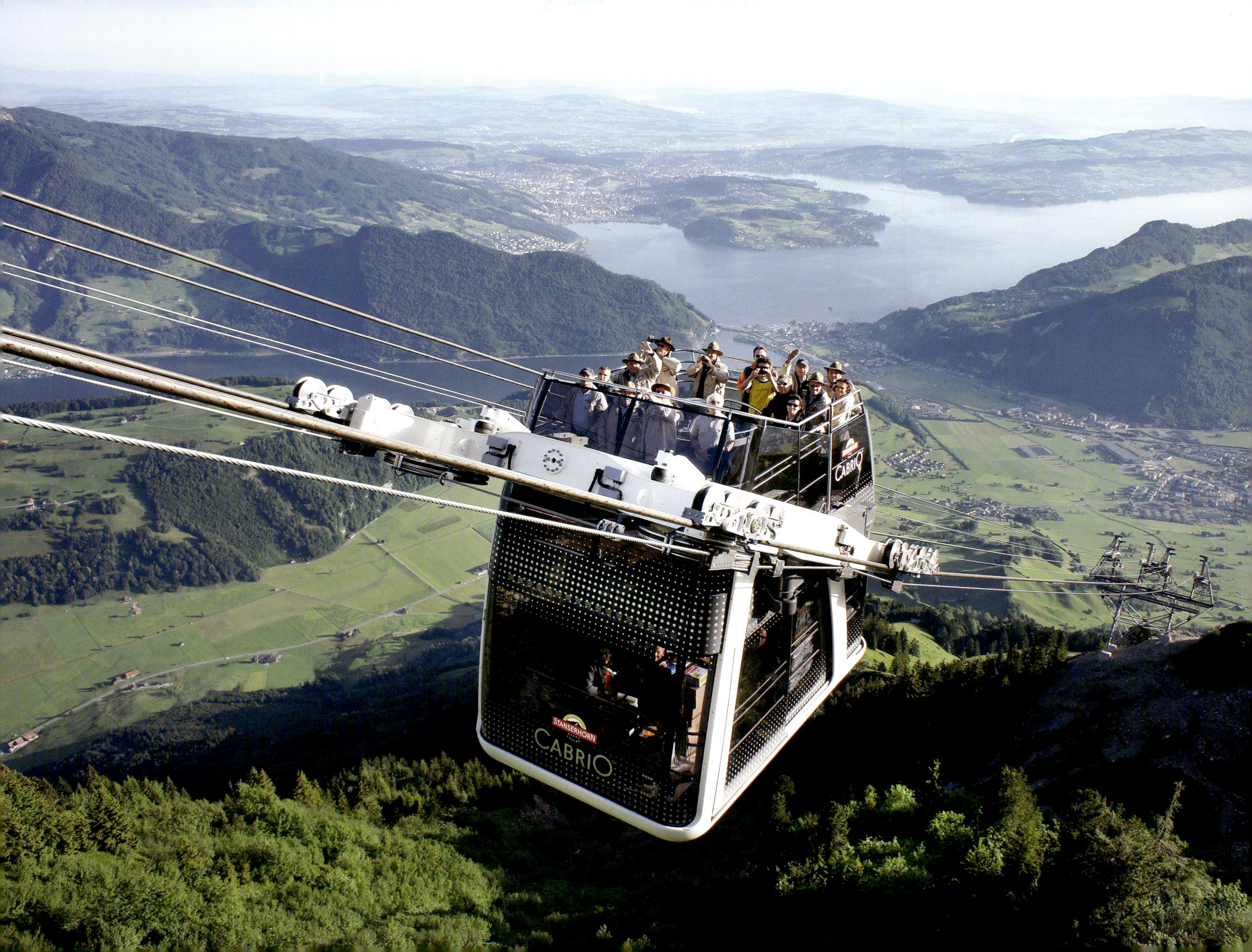
STANSERHORN
CABRIO

Rigi Scheidegg
Rigi Scheidegg

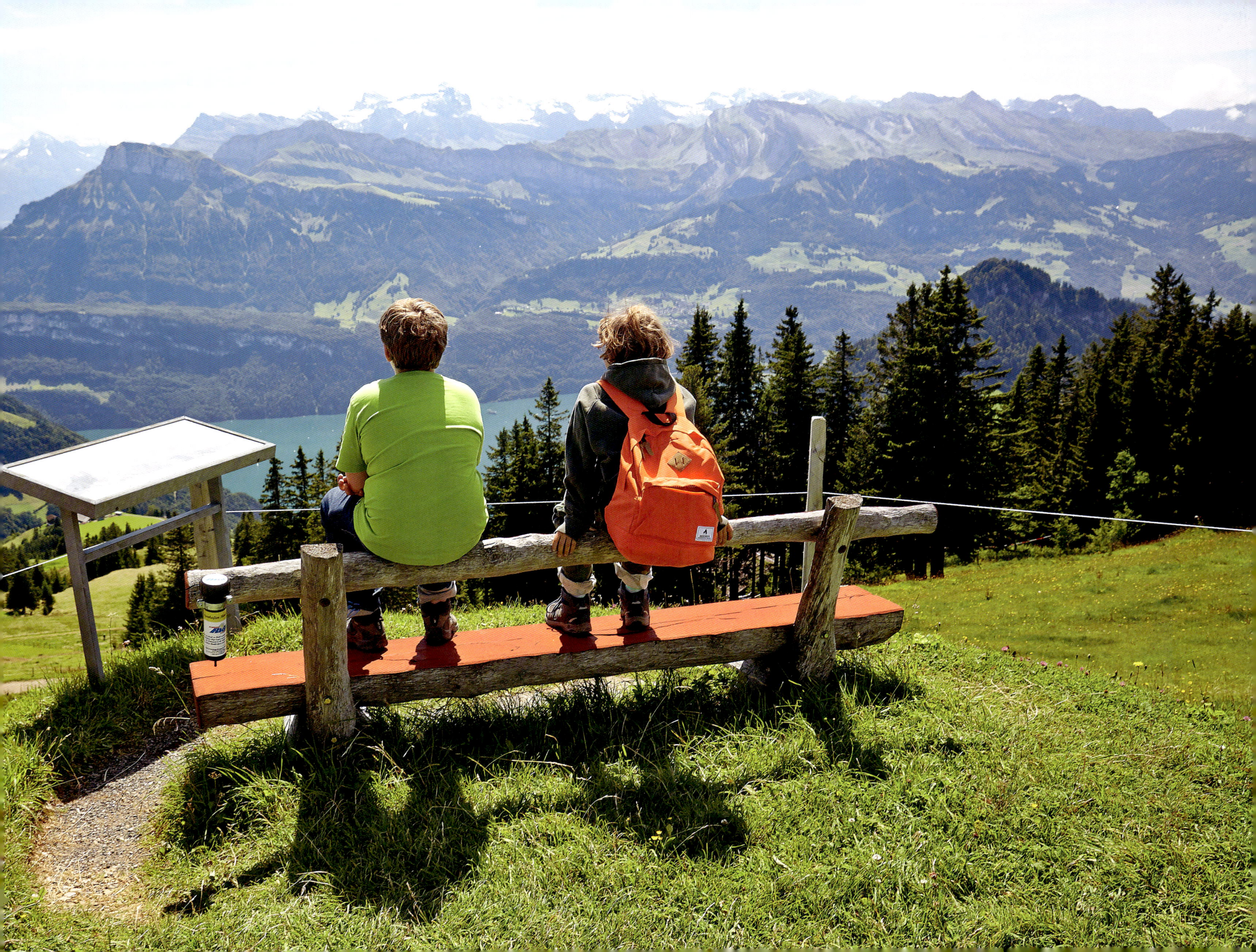

Sonnenaufgang auf Rigi-Kulm
Sunrise at Rigi Kulm

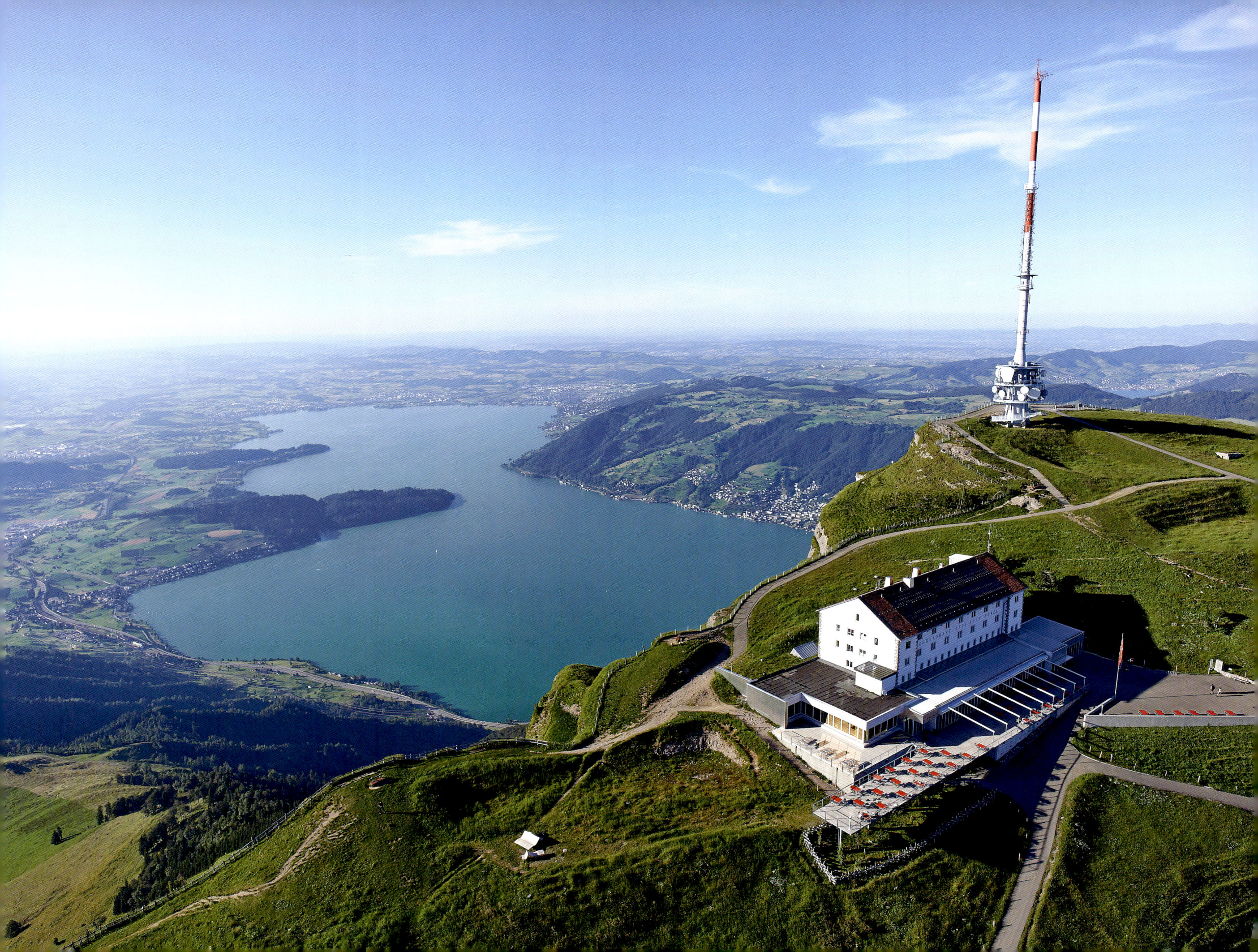

Gletscherhöhle und Titlis Rotair, Engelberg
Glacier cave and a world's first – the Titlis Rotair in Engelberg

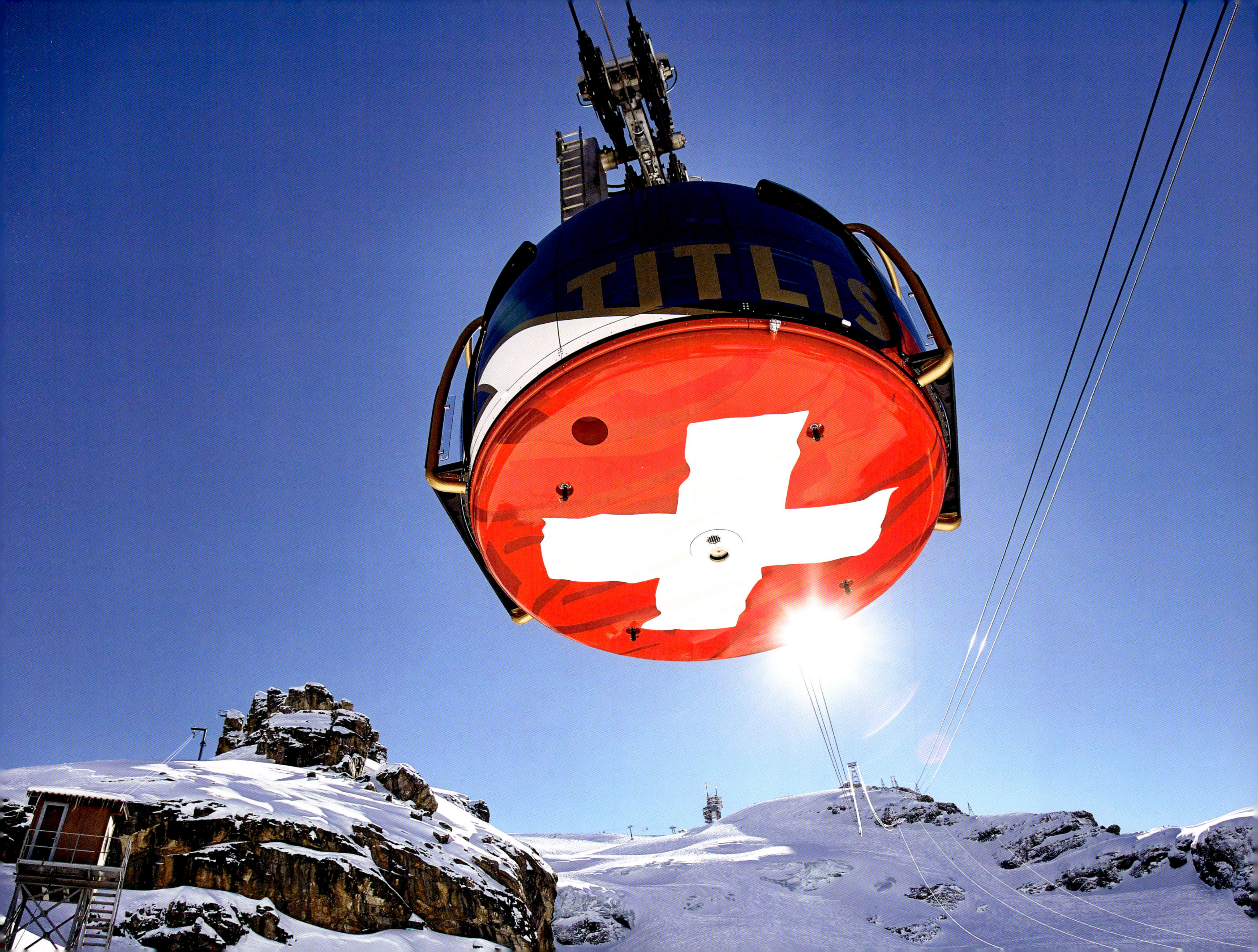
TITLIS

Vierwaldstättersee mit Dampfschiff und Rigi
Lake Lucerne with steamship and Mount Rigi

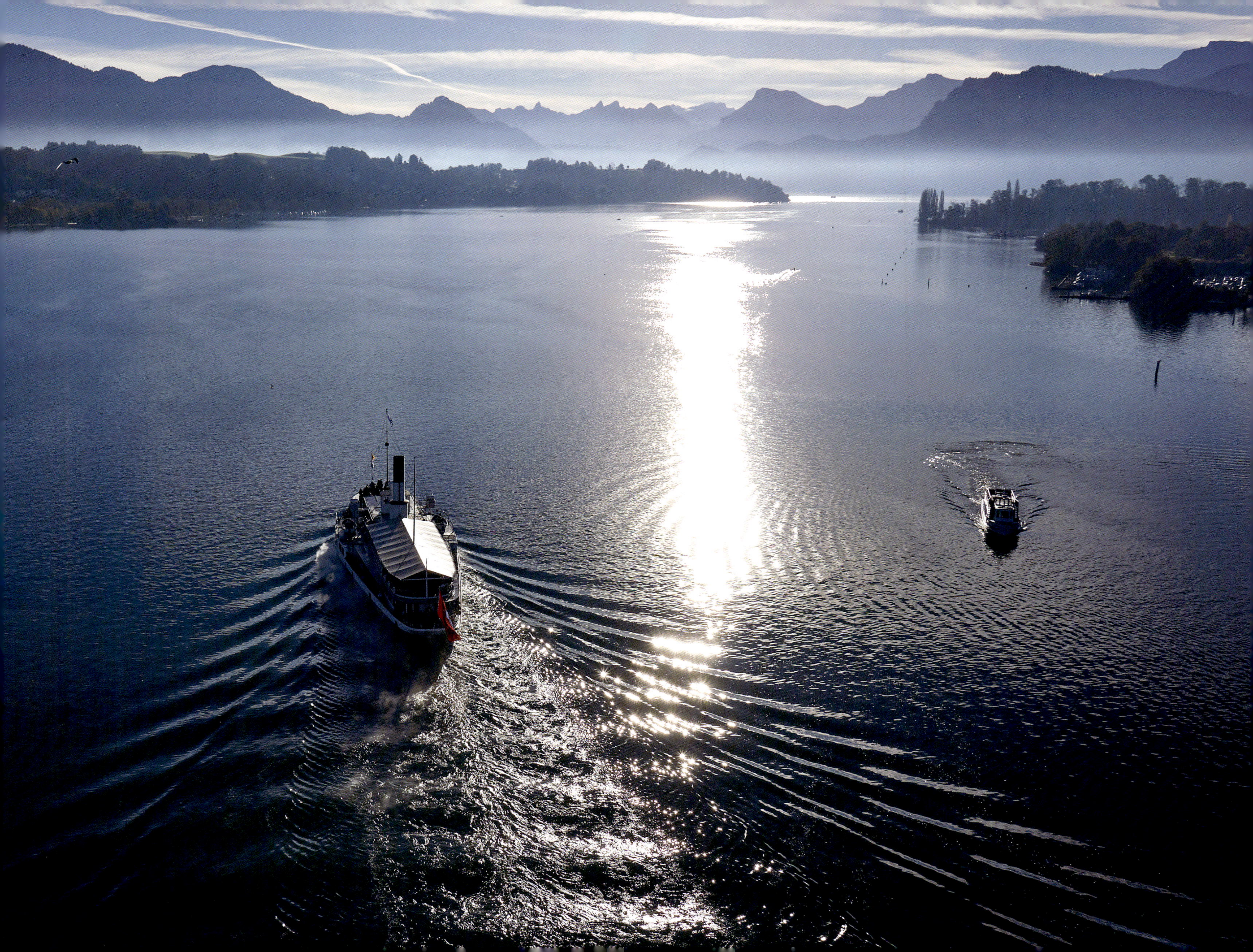

Aussicht vom Felsenweg am Bürgenstock
View from the cliff path on the Buergenstock mountain

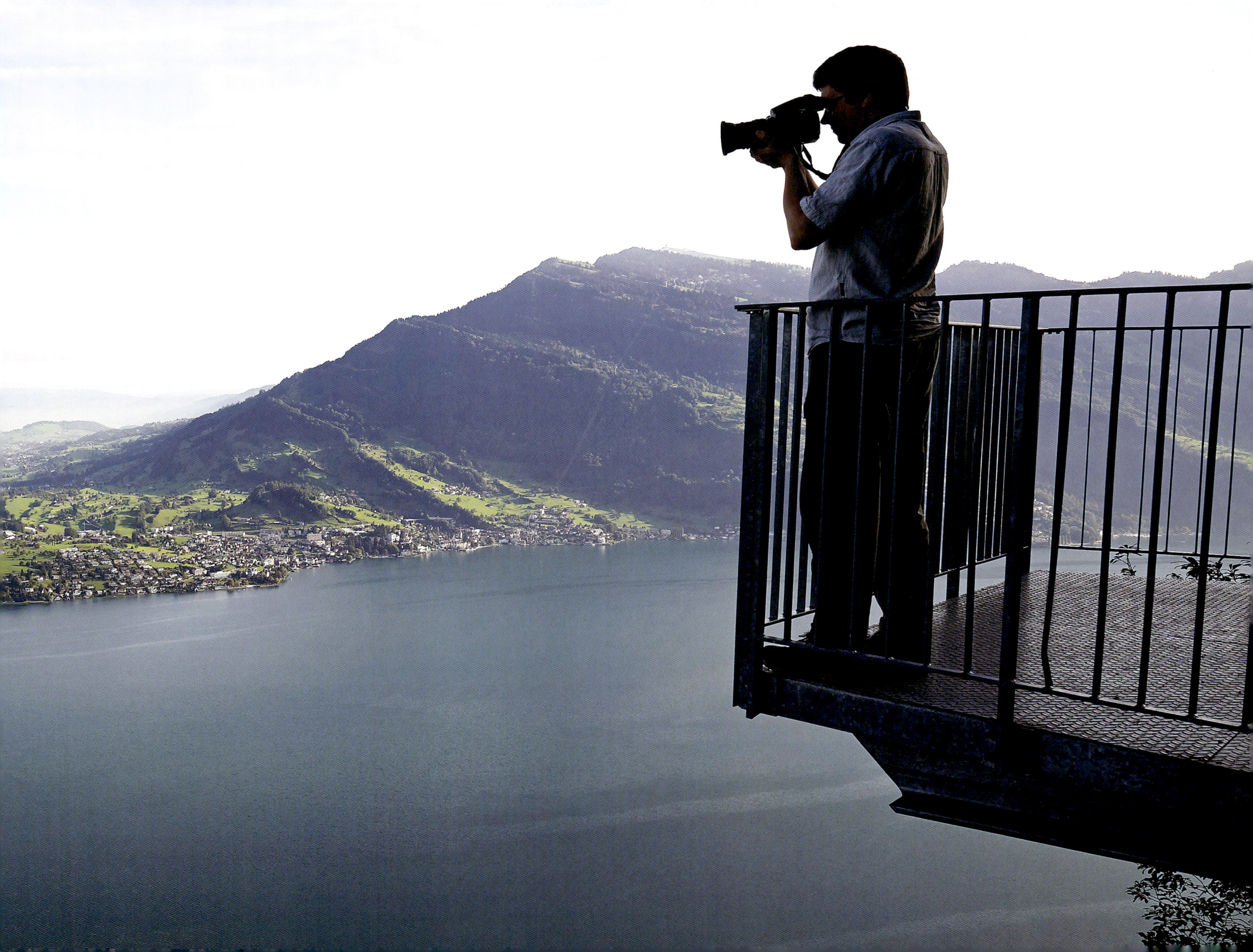

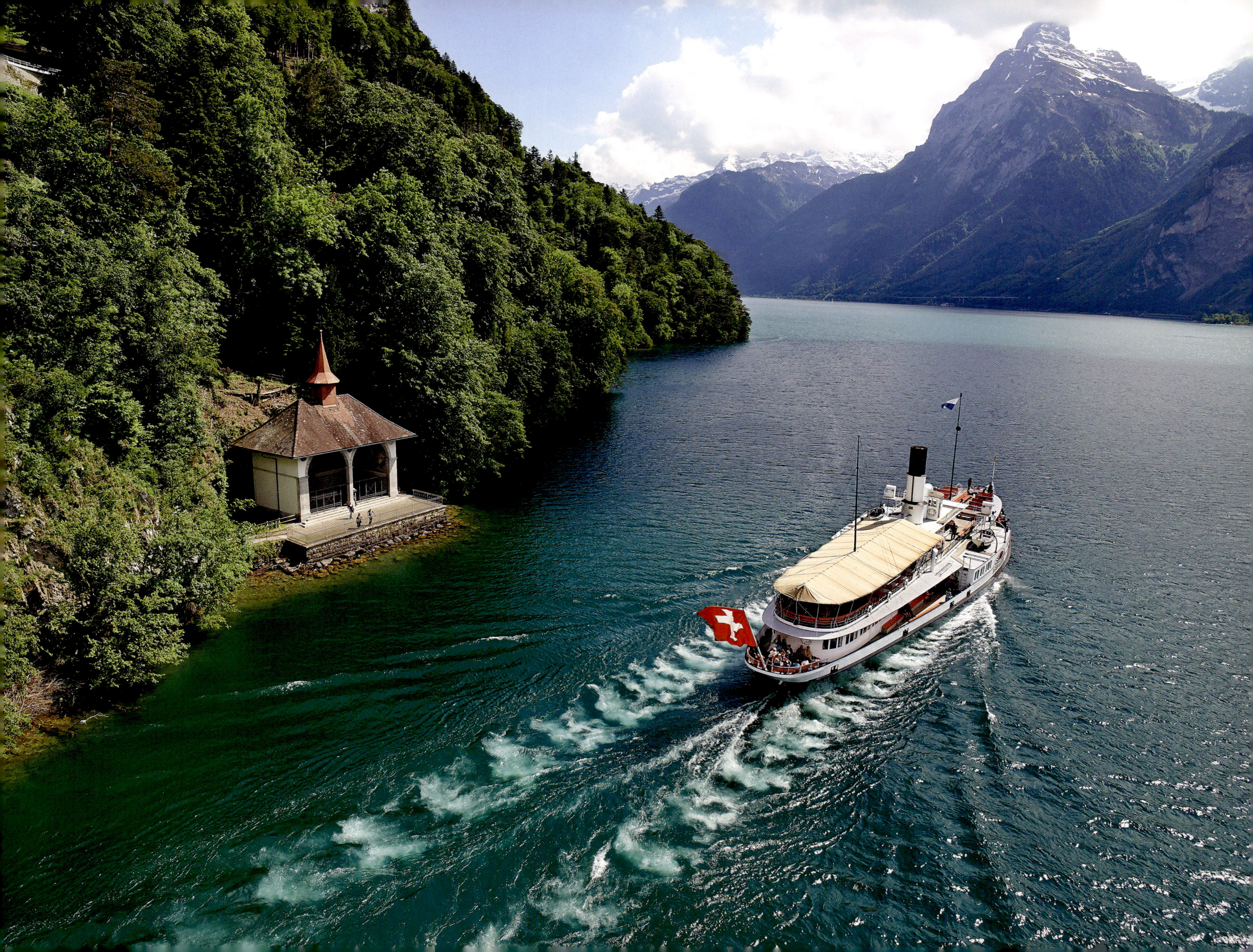

Tellskapelle am Urnersee und Dampfschiff Schiller
Tell's chapel on Lake Uri and steamship Schiller

Dampfschiff Schiller
Steamship Schiller

Die Event-Plattform Seerose wurde 2015 für den Event Gästival gebaut
The Water Lily event platform was built for the Gästival event in 2015

Die Seerose am 2. Mai 2015 während der Dampferparade
The Water Lily at the steamship parade on 2nd May

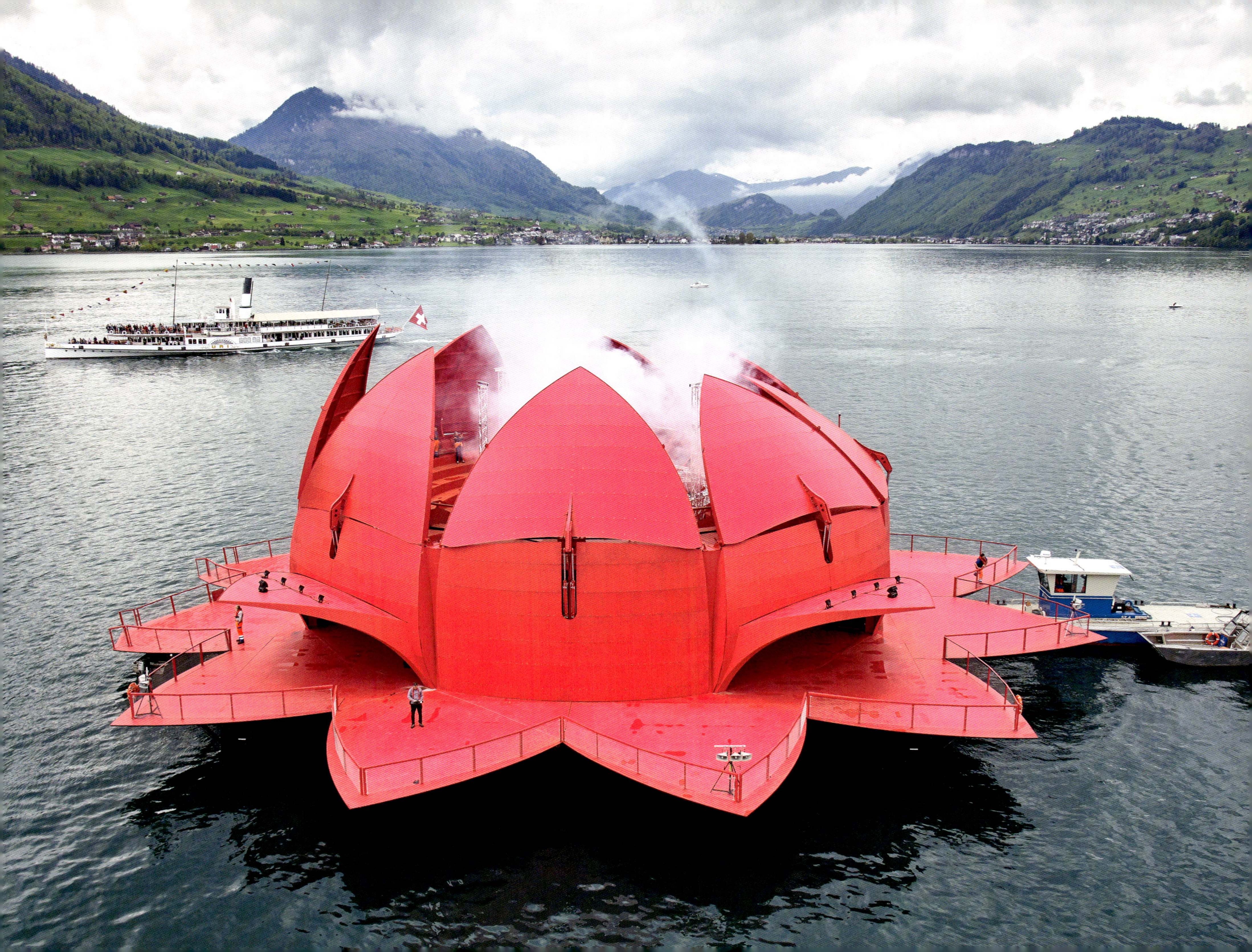

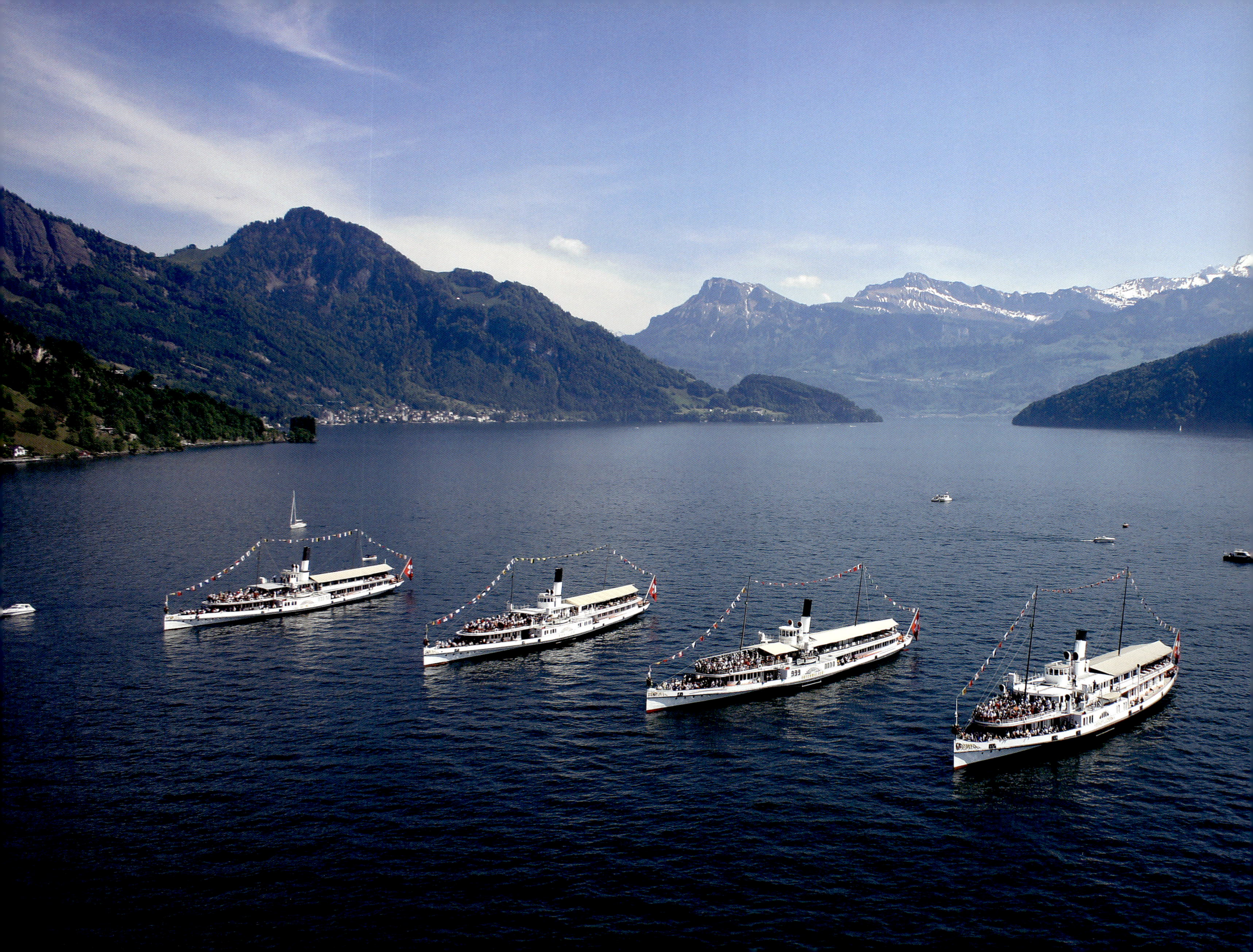

Dampferparade auf dem Vierwaldstättersee
Steamship parade near Weggis

Hammetschwand-Lift, Bürgenstock
Hammetschwand lift, Bürgenstock

Waldstätterweg Renggpass, Hergiswil
Waldstätterweg Renggpass, Hergiswil

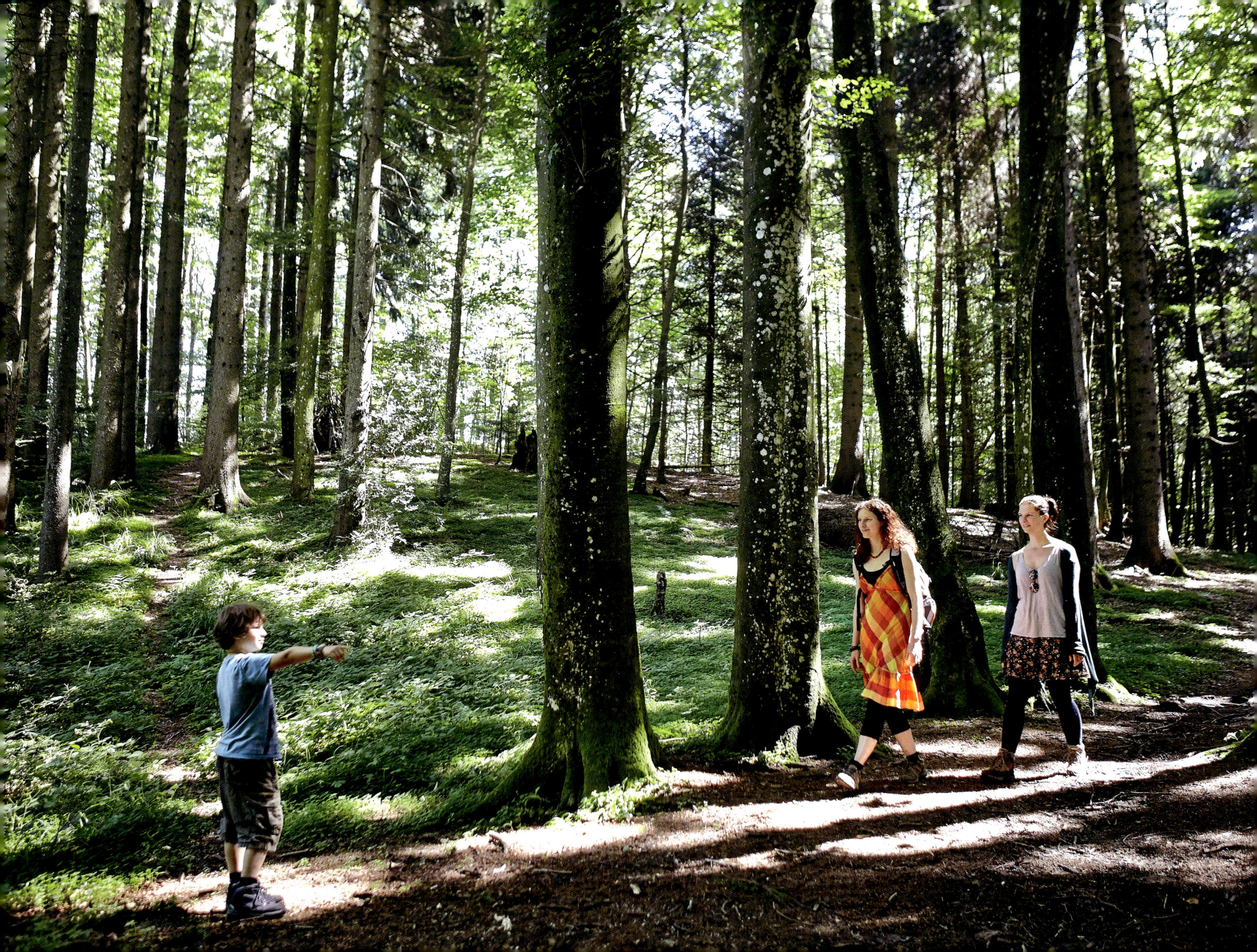

Waldstätterweg Risletenschlucht bei Beckenried
Waldstätterweg, Risleten Gorge near Beckenried

Waldstätterweg Renggpass in Hergiswil
Waldstätterweg Renggpass in Hergiswil

Dampfschiff im Morgennebel
Steamship in the morning mist

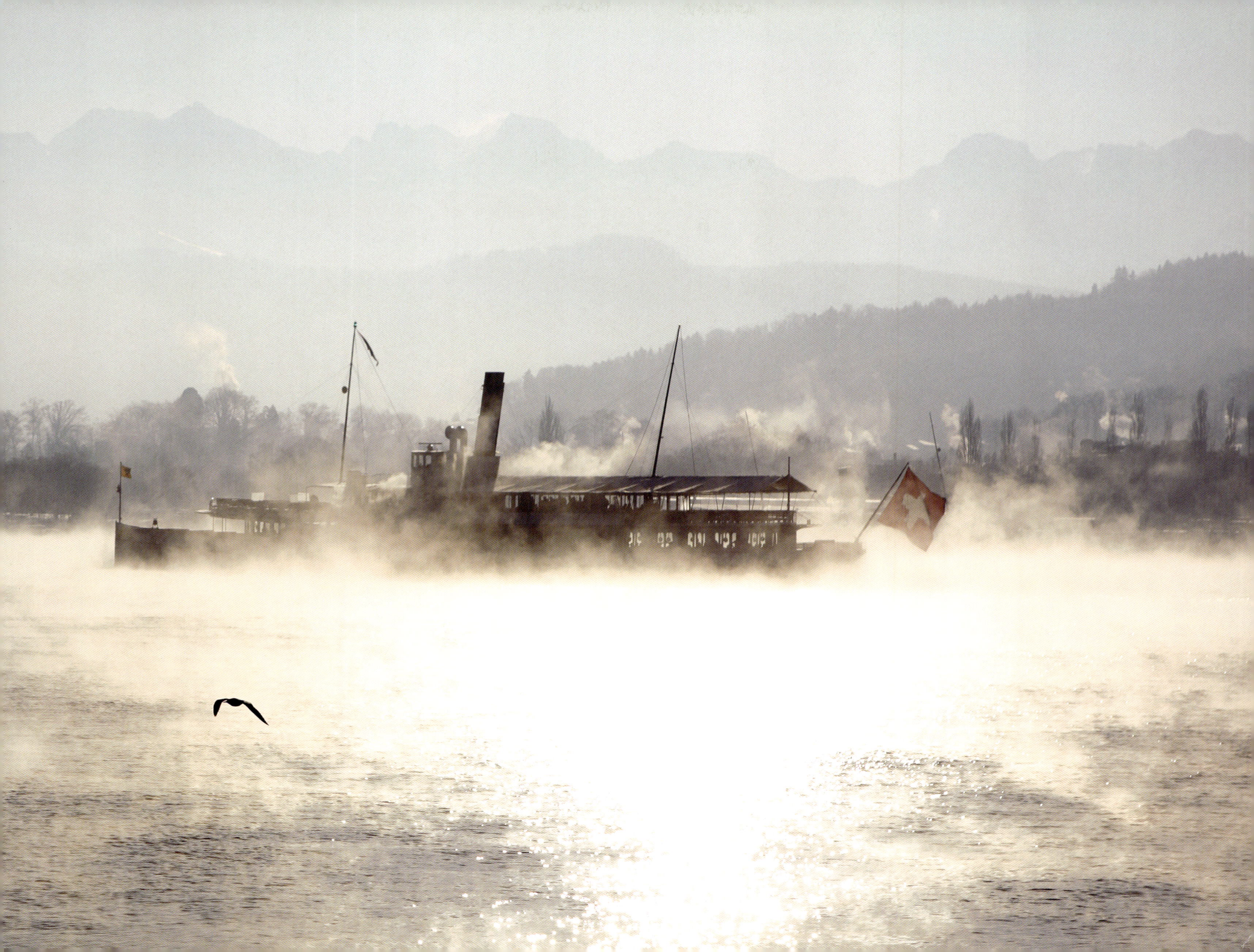

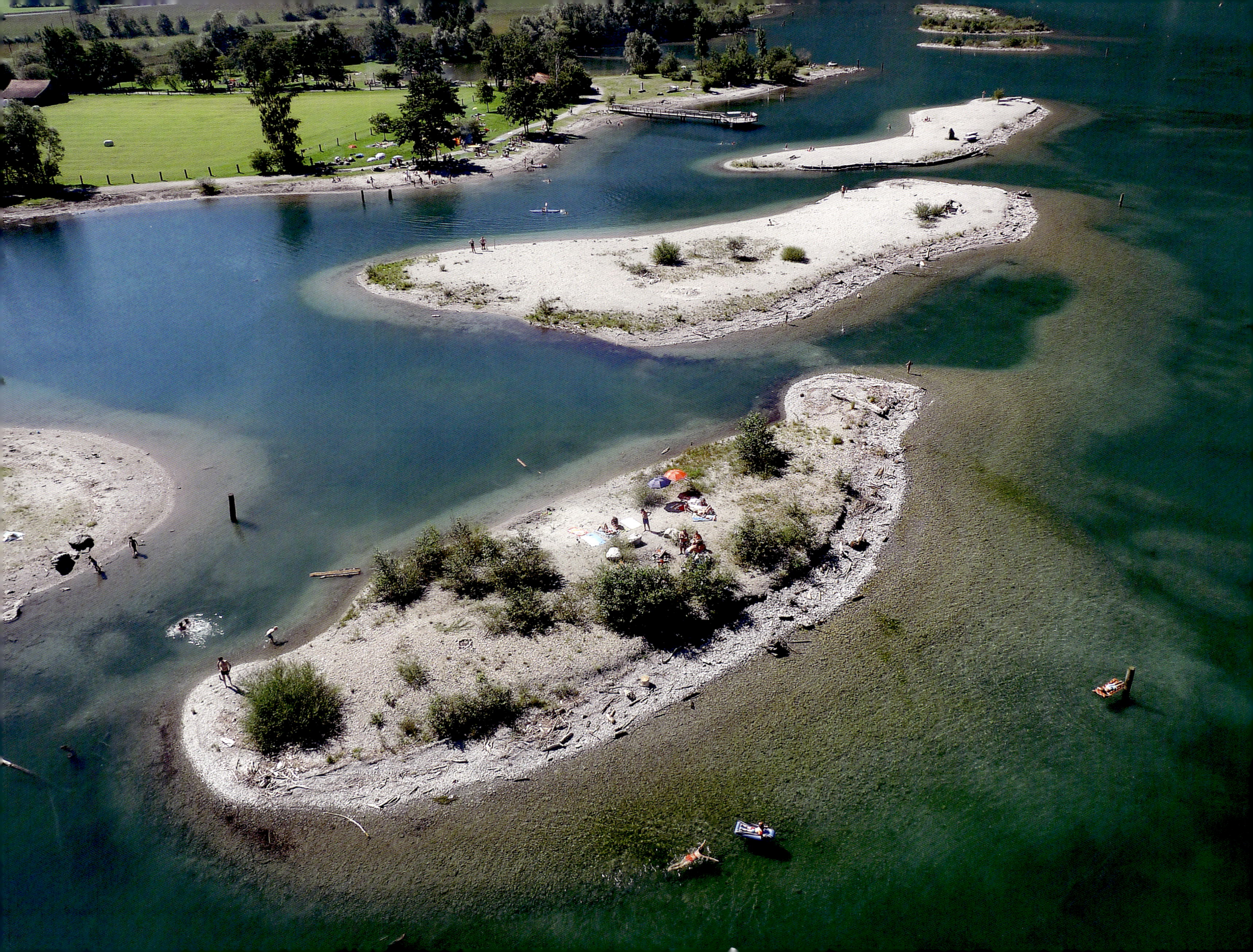

Badeinseln im Urner Reussdelta
Bathing island in the Reuss delta, Uri

Golfclub Uri mit Company Lodge
Company Lodge at the Uri Golf Club

Vor dem Gotthardtunnel, Uri
In front of the Gotthard tunnel, Uri

Freilichttheater in Andermatt mit Gotthard-Postkutsche
Open-air theater in Andermatt with Gotthard stagecoach

Lauerzersee mit Insel Schwanau
Lake Lauerz with Schwanau Island

Herrenhaus, Schwyz
Manor house in Schwyz

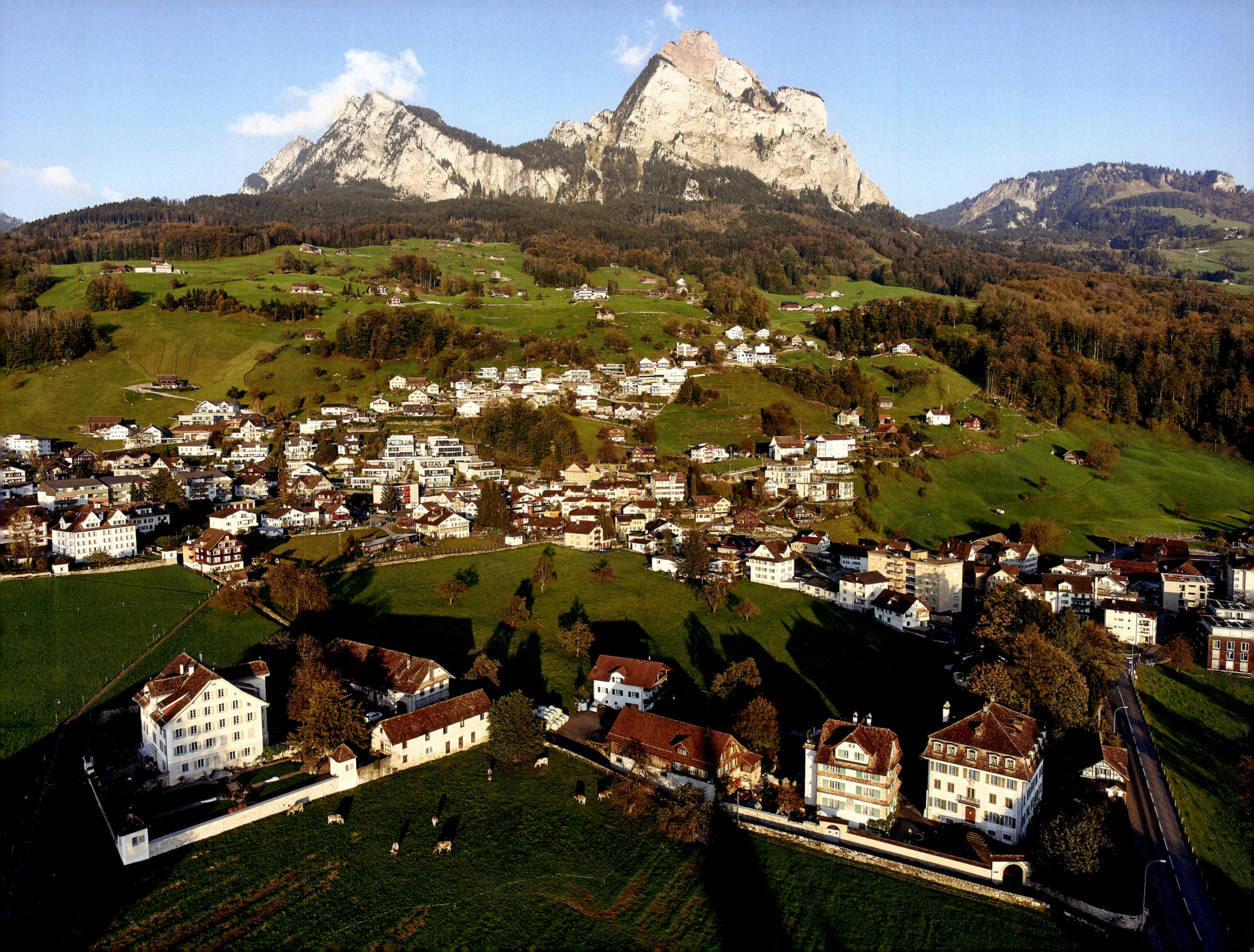

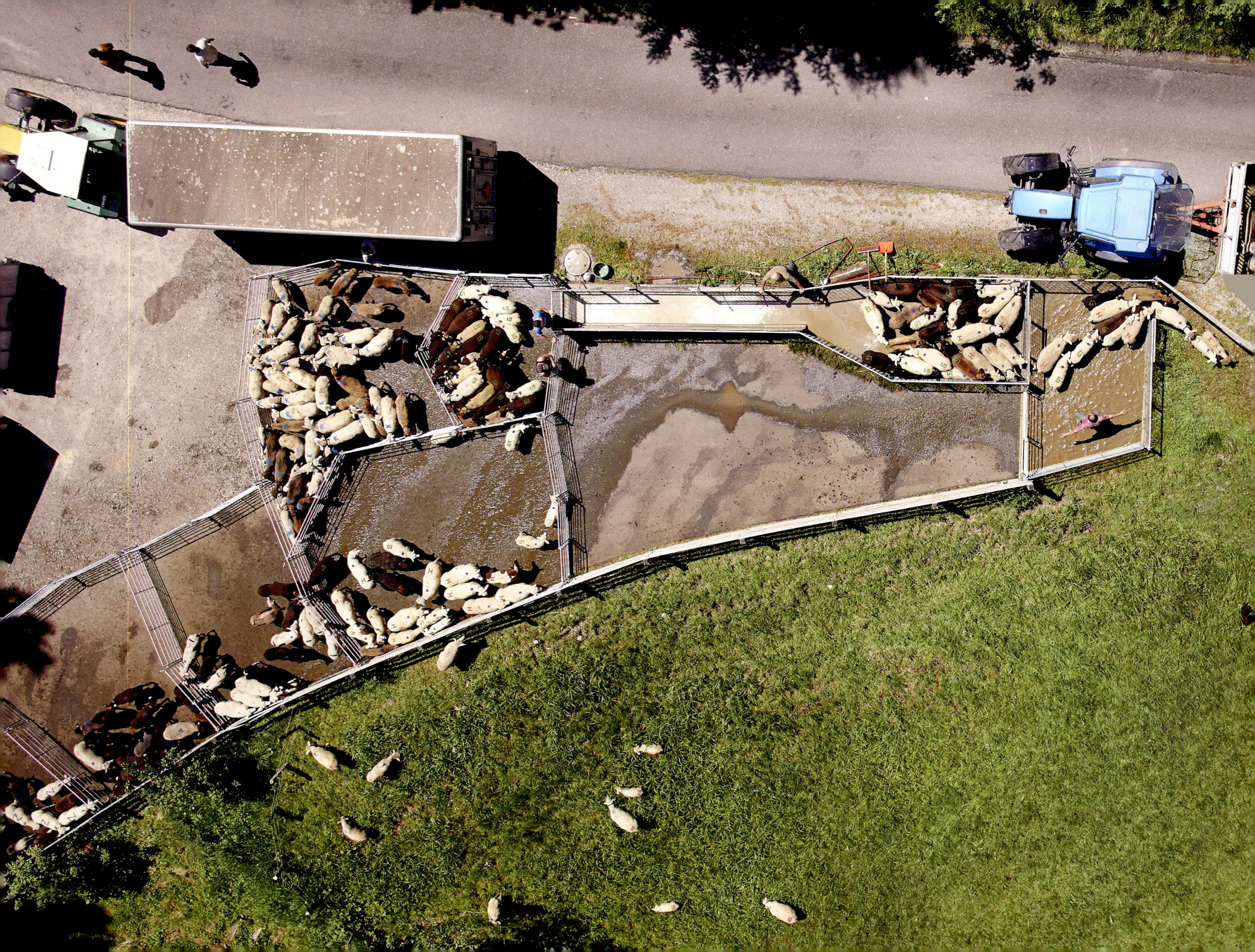

Schafwaschen in Oberiberg SZ
Sheep washing in Oberiberg SZ

Stoos Schwinget
Wrestling festival in Stoos

Luftbild vom Grossen Mythen
Aerial view of the Grosser Mythen

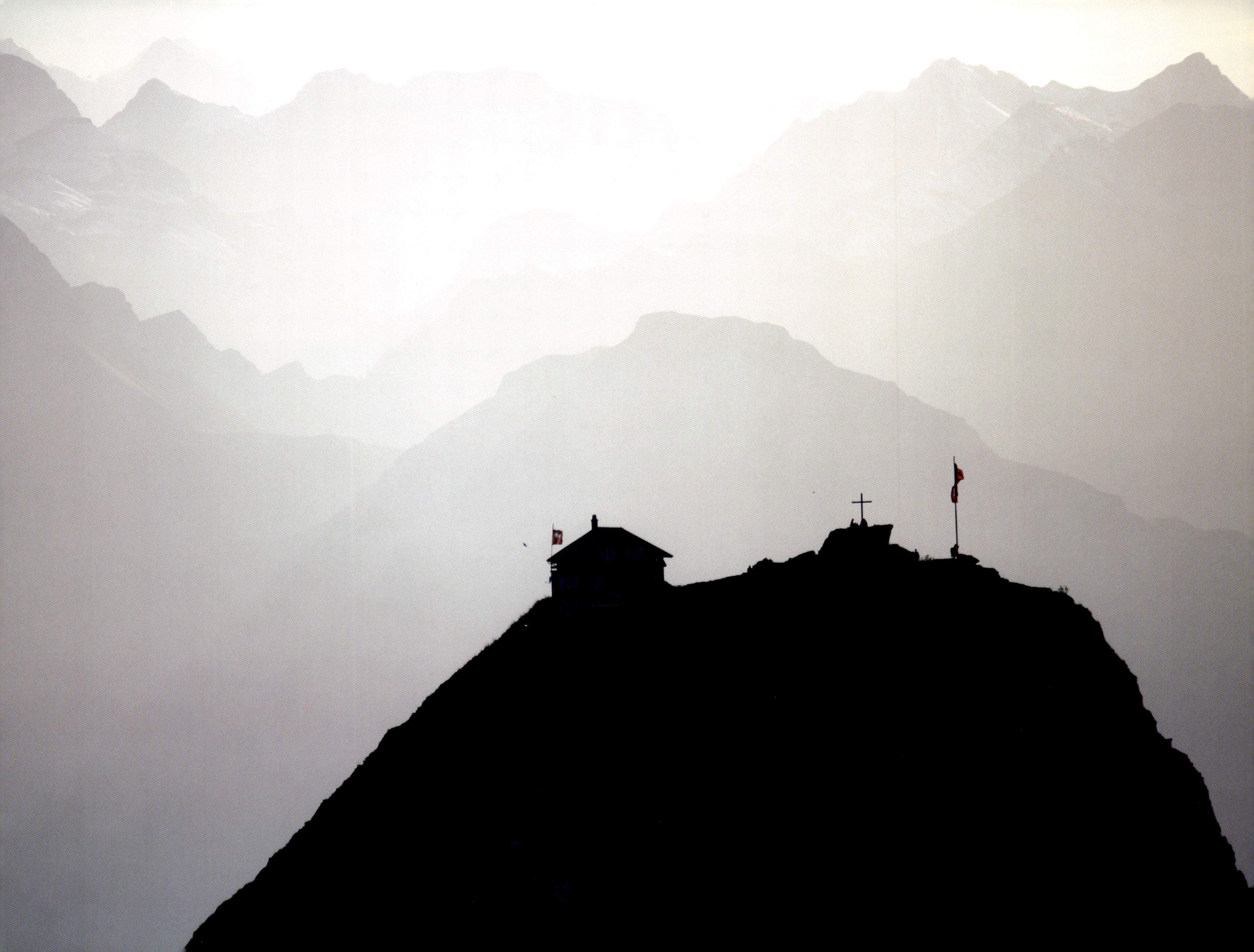

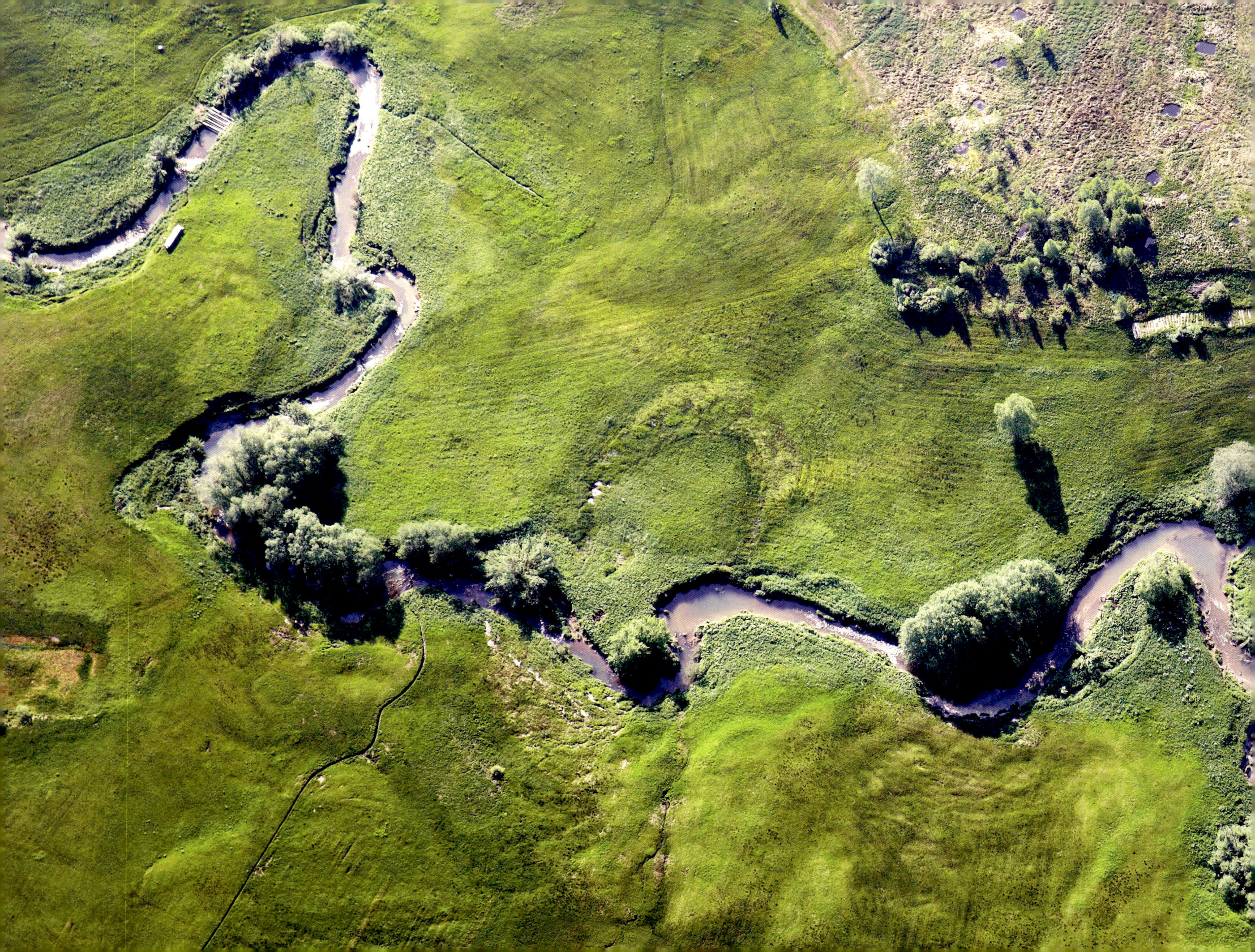

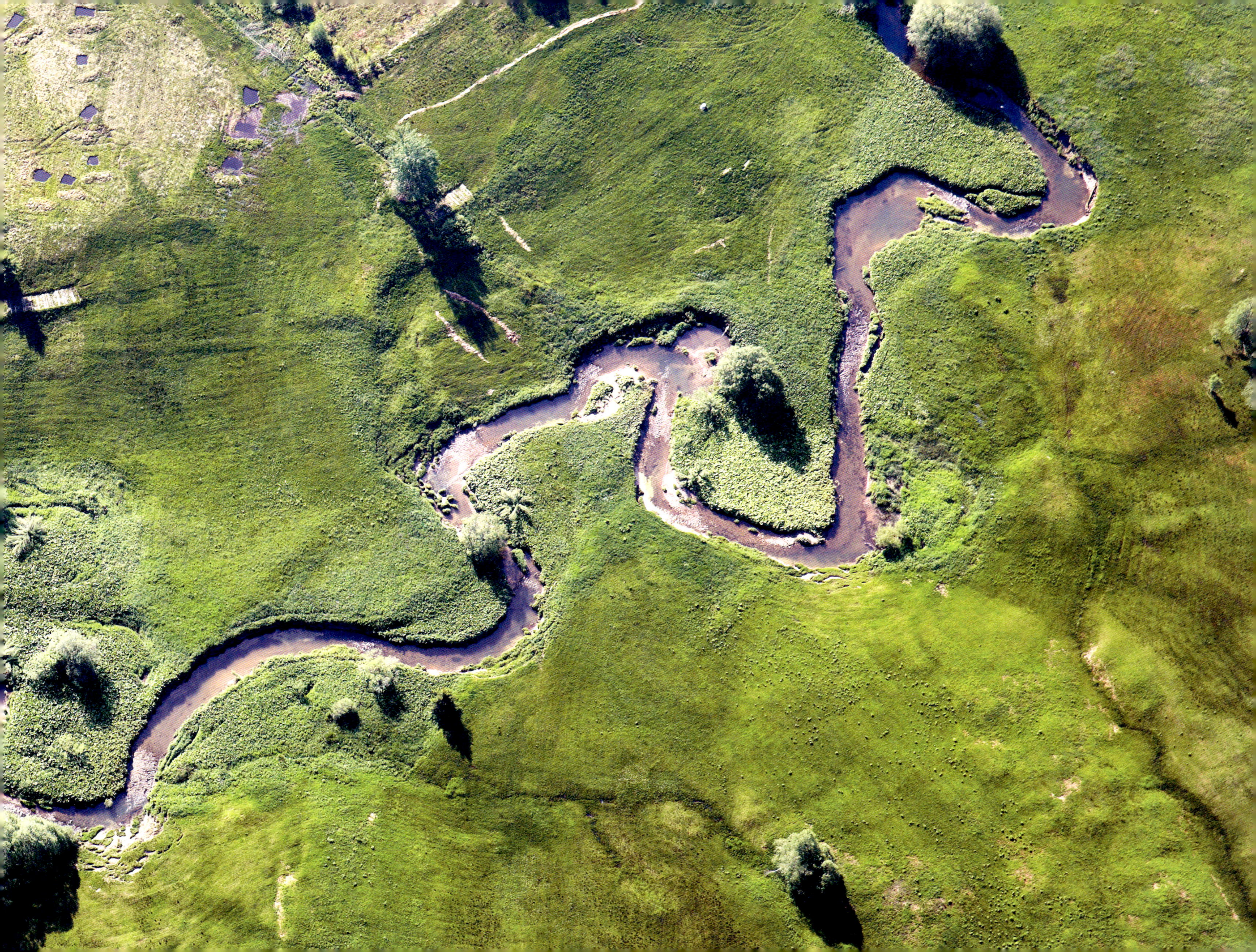

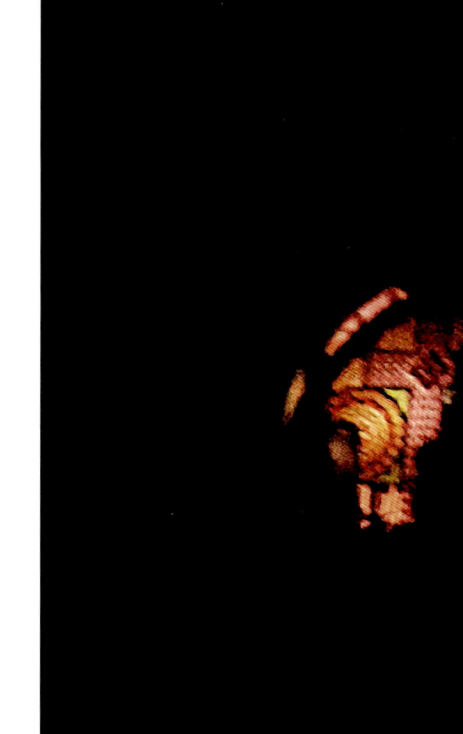

↑ Hochmoor Rothenthurm SZ
High moor near Rothenthurm, SZ

Klausjagen in Küssnacht am Rigi
Klausjagen in Küssnacht am Rigi

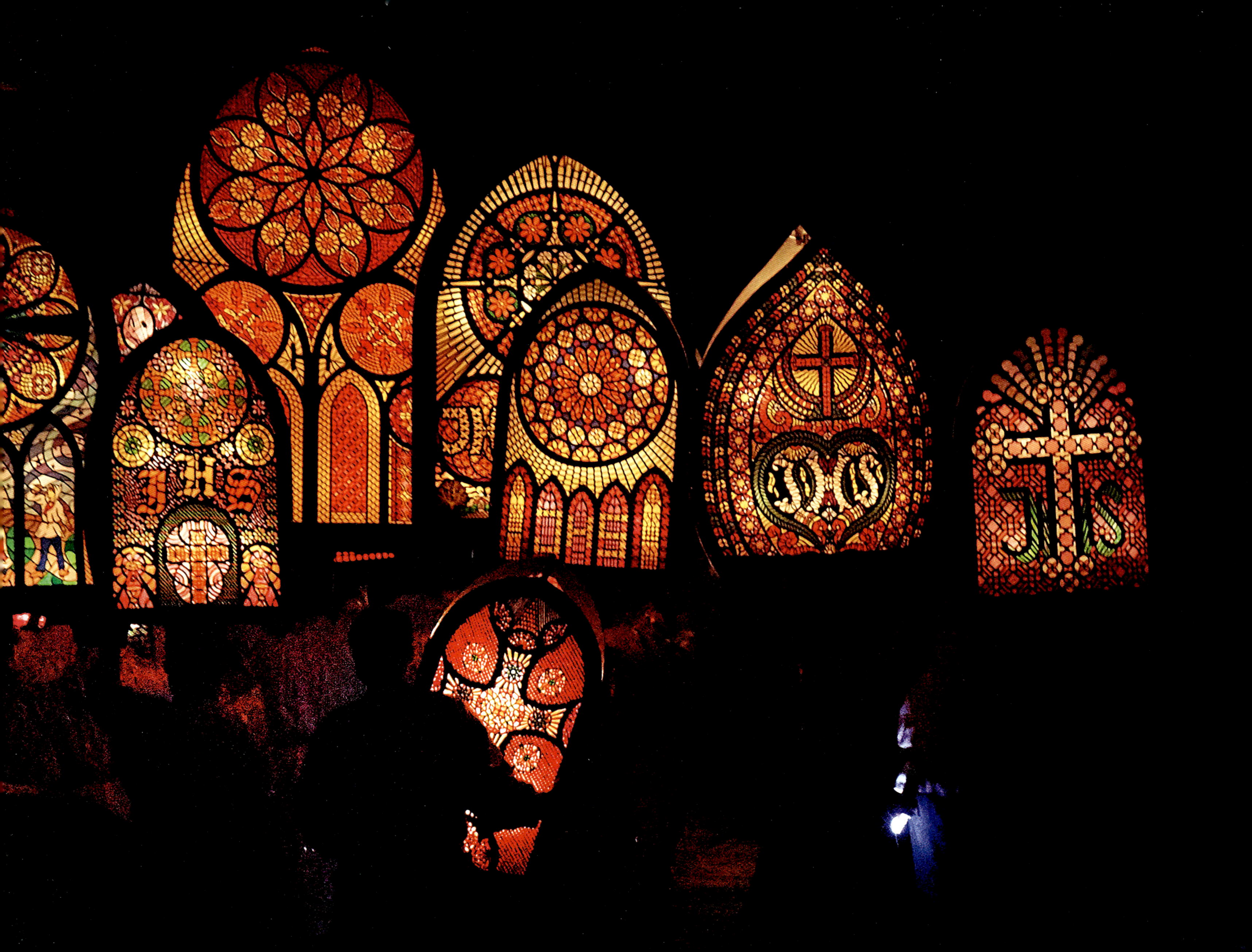
JHS
JHS

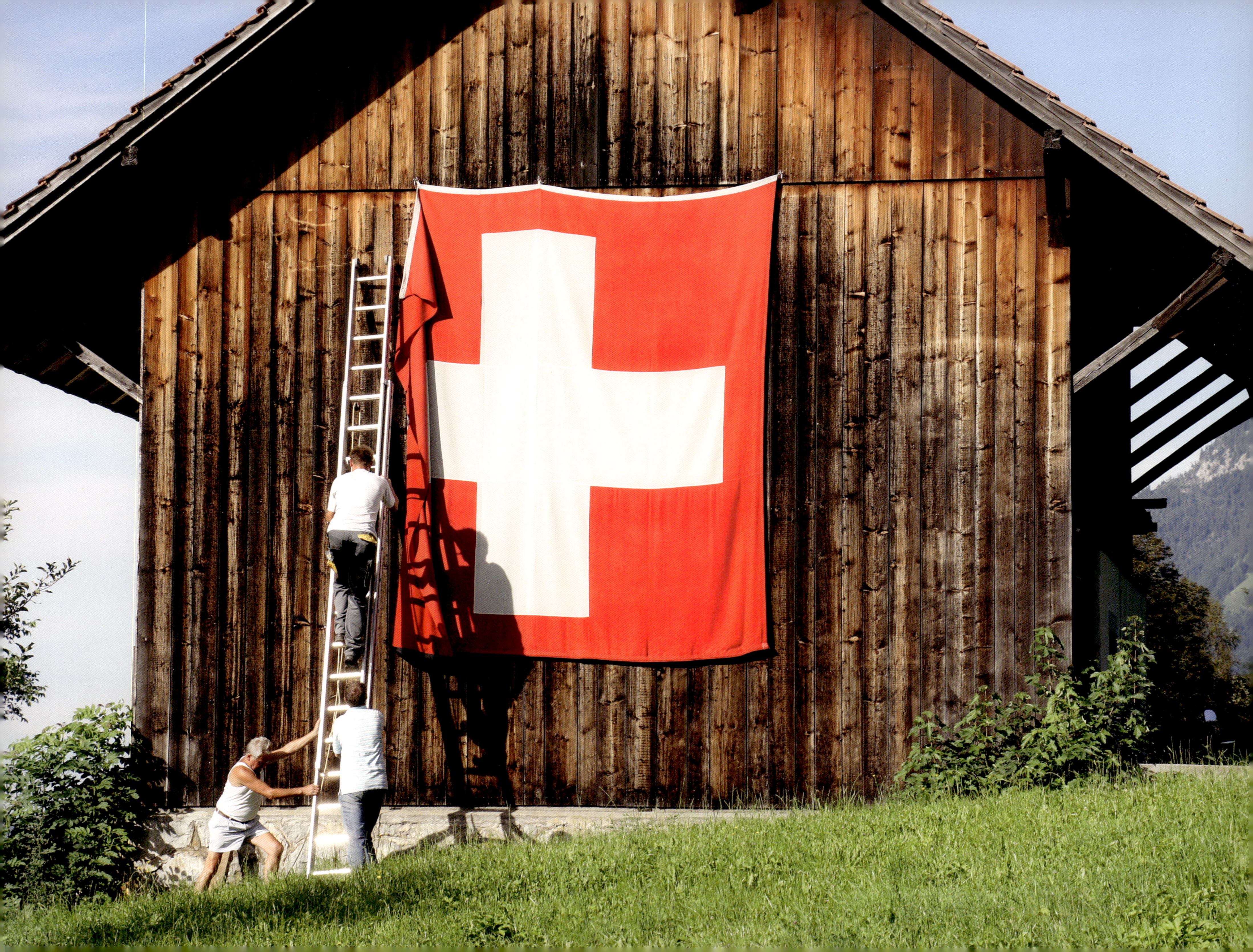

1.-August-Feier, Flüeli OW
August 1st celebration, Flüeli OW

Forum Schweizer Geschichte Schwyz
Forum of Swiss History Schwyz

Kernwald, Kerns OW
Kernwald forest, Kerns OW

Älggialp als Mittelpunkt der Schweiz mit Didier Cuche, dem Schweizer des Jahres 2012
Aelggialp as the center of Switzerland with Swiss Didier Cuche of 2012

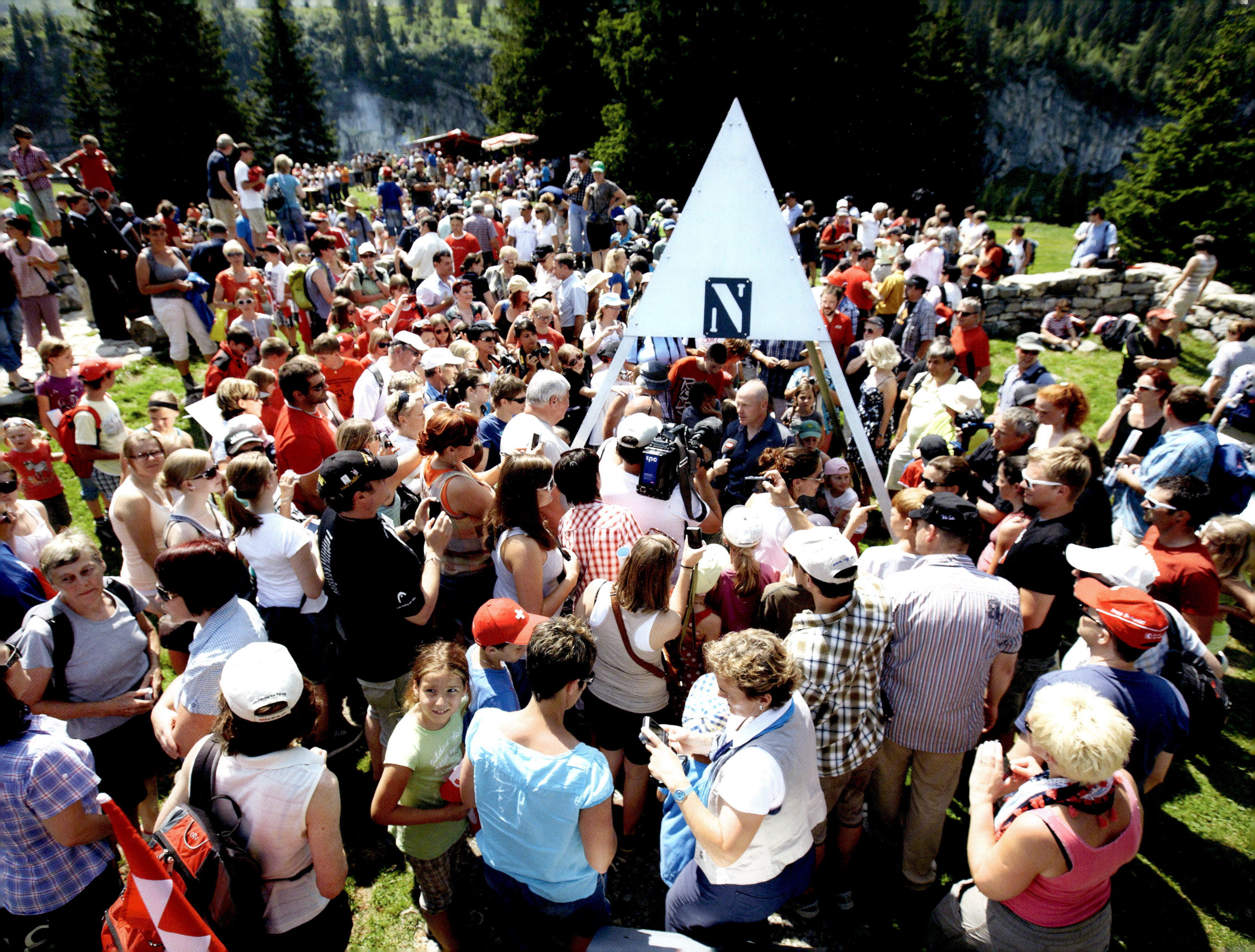
N
tpc

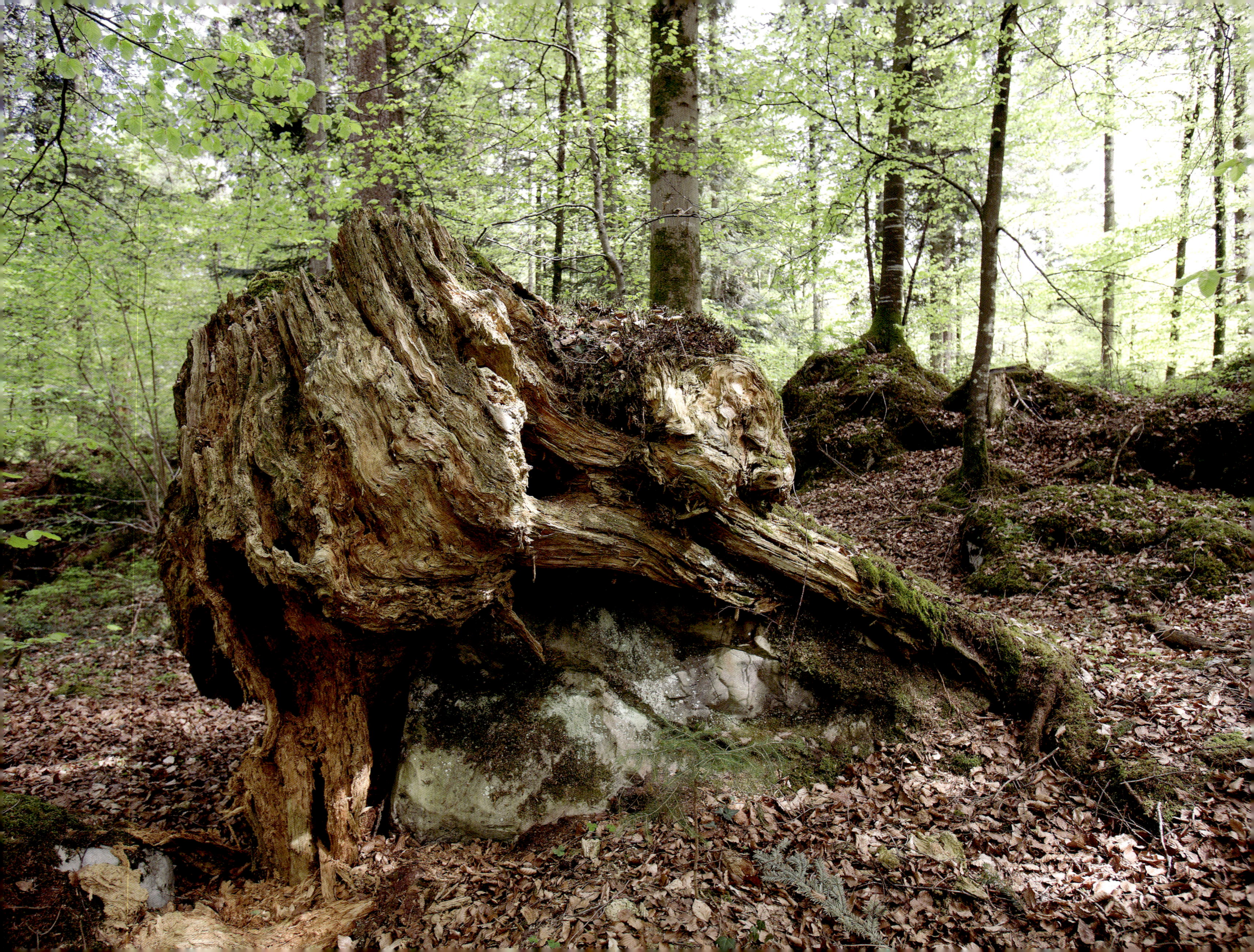

Kernwald, Kerns OW
Kernwald forest, Kerns OW

Vierwaldstättersee, Alpnach OW
Lake Lucerne, Alpnach OW

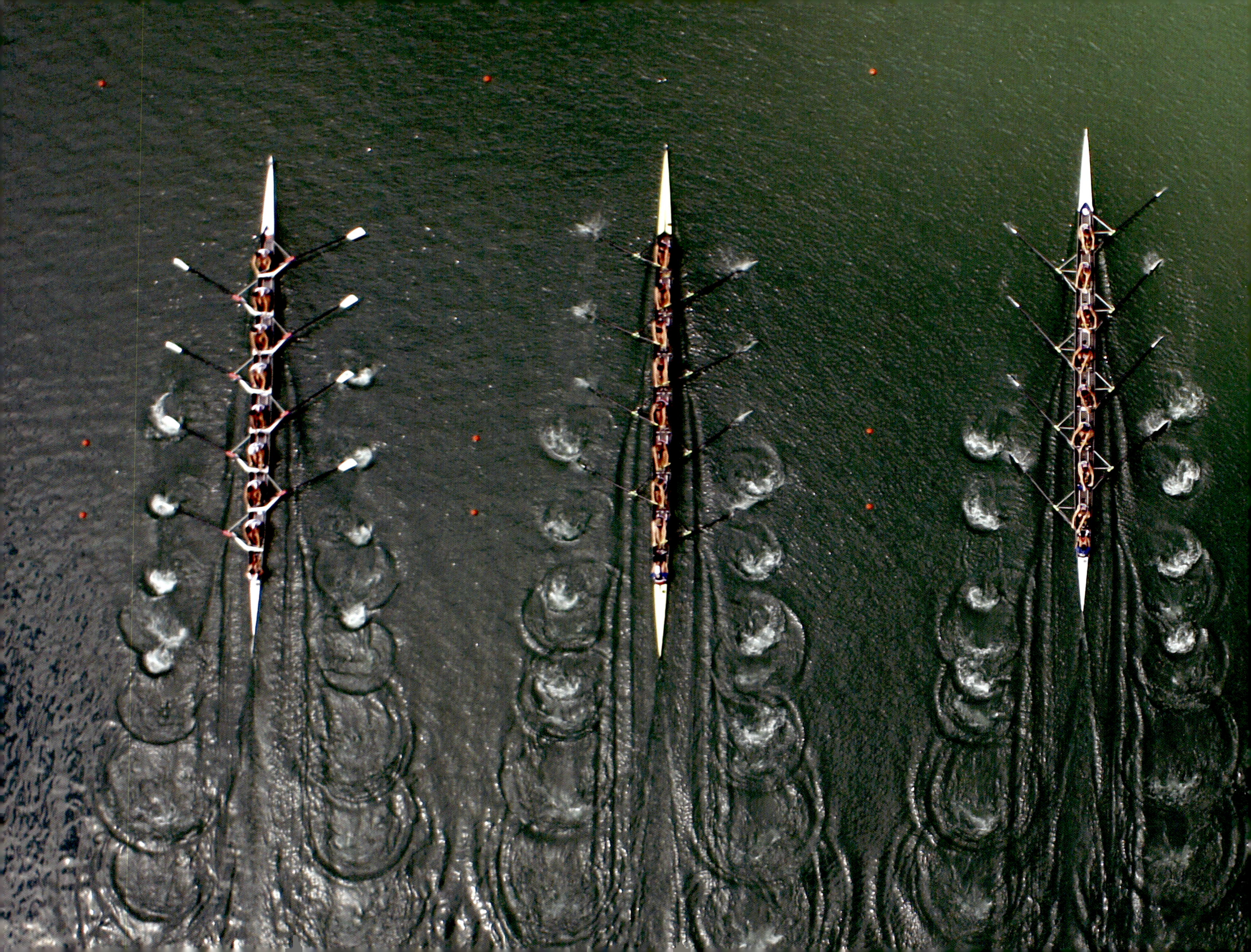

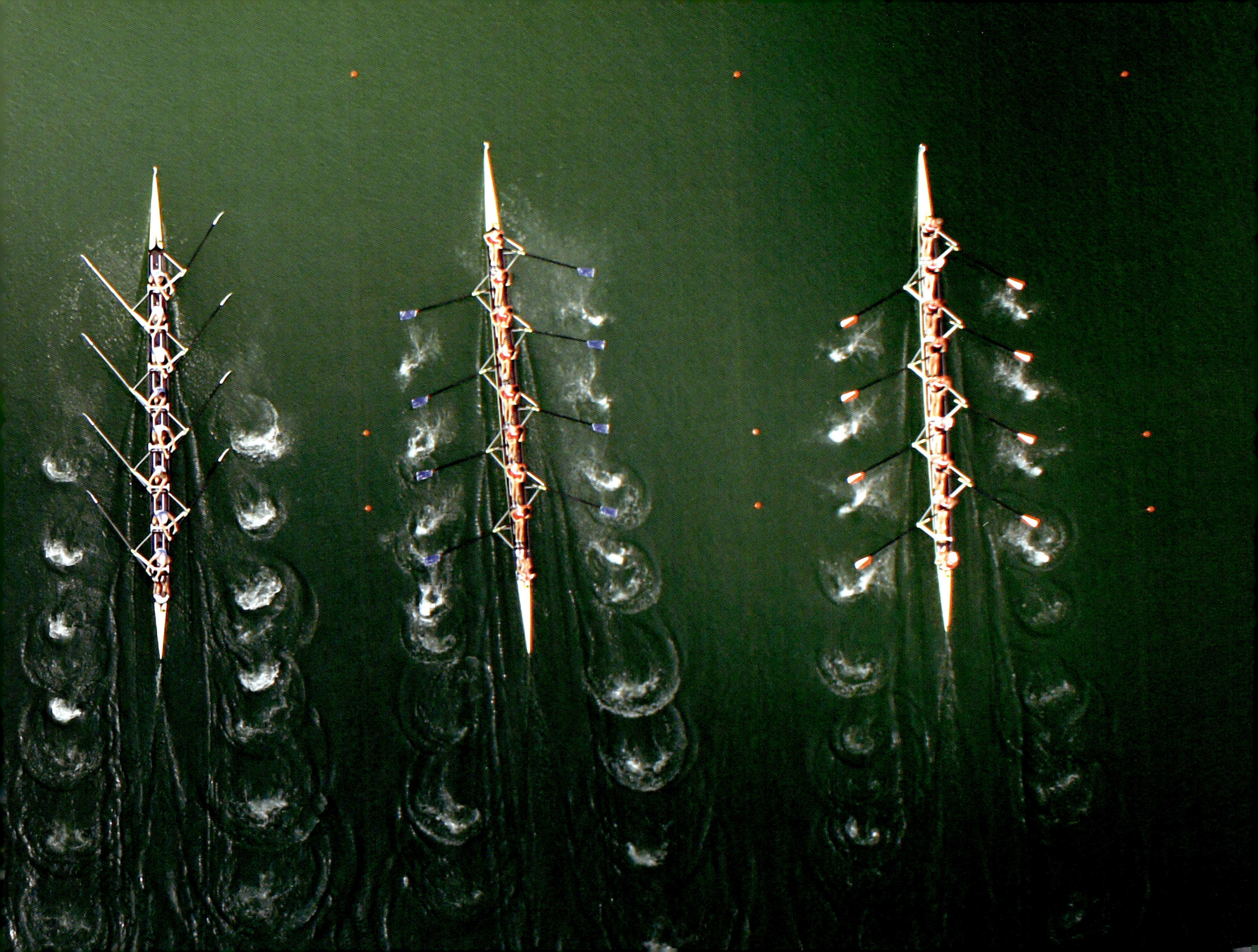

Ruderwelt Luzern Rotsee
World Rowing Lucerne at the Rotsee

Weltrekord 2013: 75 Schwimmerinnen und Schwimmer ziehen das 330 Tonnen schwere Dampfschiff Gallia über 100 Meter weit
World Record in 2013: 75 swimmers pull the 330-ton Gallia steamship more than 100 metres

133 SwissCityMarathon Lucerne
SwissCityMarathon Lucerne

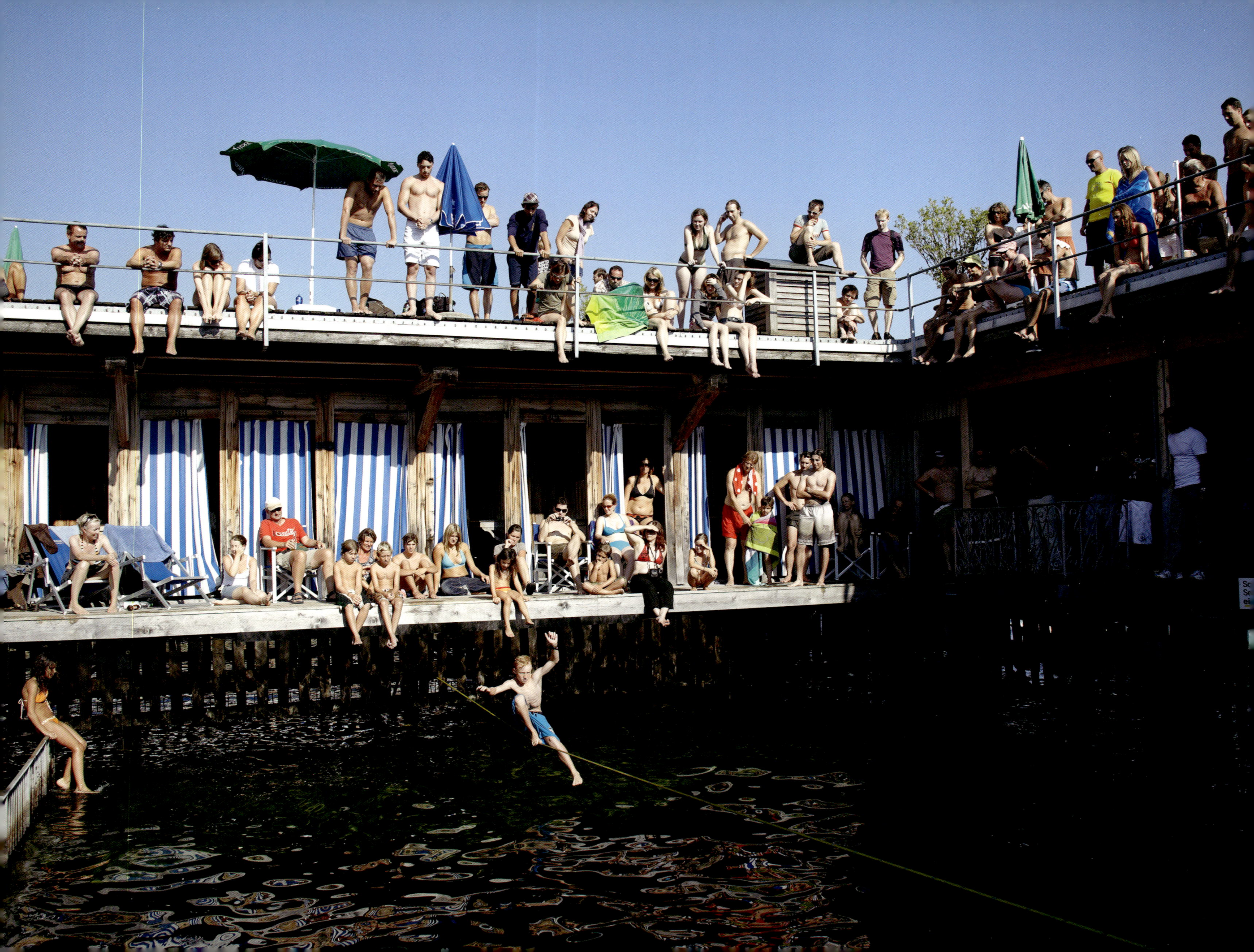

Slackline Contest im Seebad, Luzern
Slackline contest in the Seebad Lucerne

Slackline-Treffen am General Guisan Quai, Luzern
Slackline meeting on the General Guisan Quai, Lucerne

Seeüberquerung Luzern mit Aufwärmen im Lido
Lake Crossing in Lucerne, with warm-up in the Lido

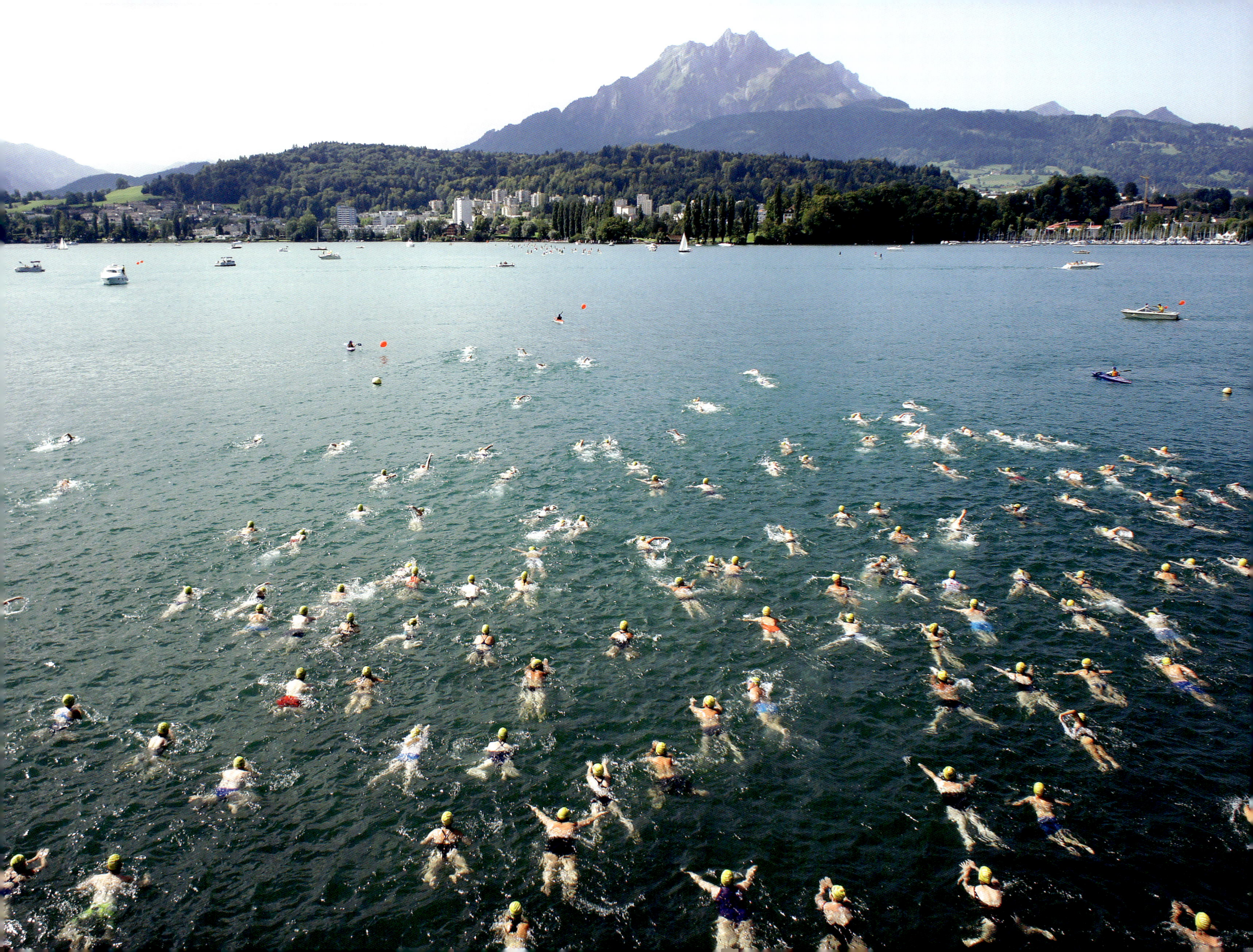

Sportfischer Markus Wolfisberg betreibt Schleppangelfischerei
Sport fisher Markus Wolfisberg uses troll fishing

Berufsfischer Nils Hofer auf dem Vierwaldstättersee
Professional fisherman Nils Hofer on Lake Lucerne

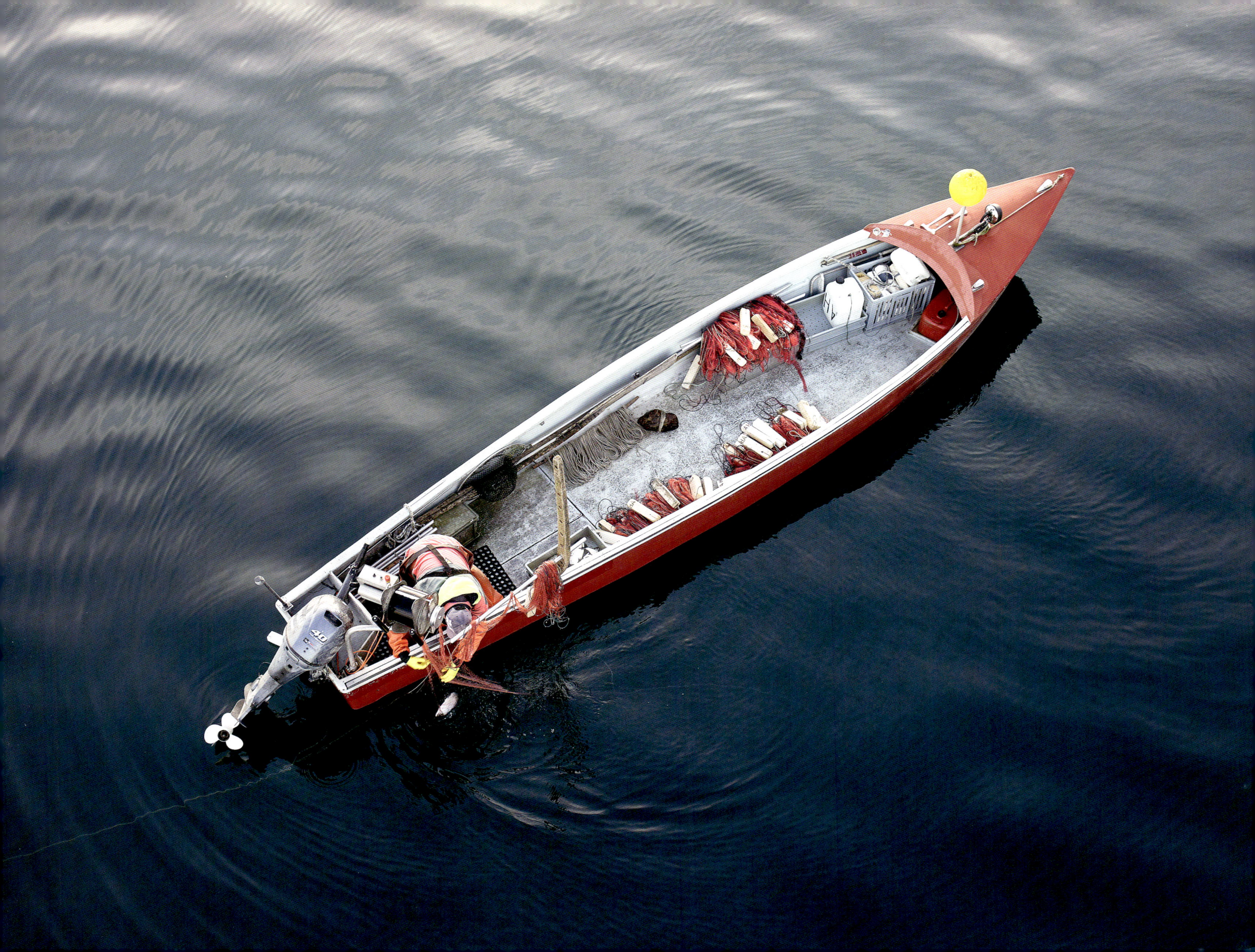

Open Air Kino Luzern Alpenquai
Lucerne Open Air Cinema on the Alpenquai

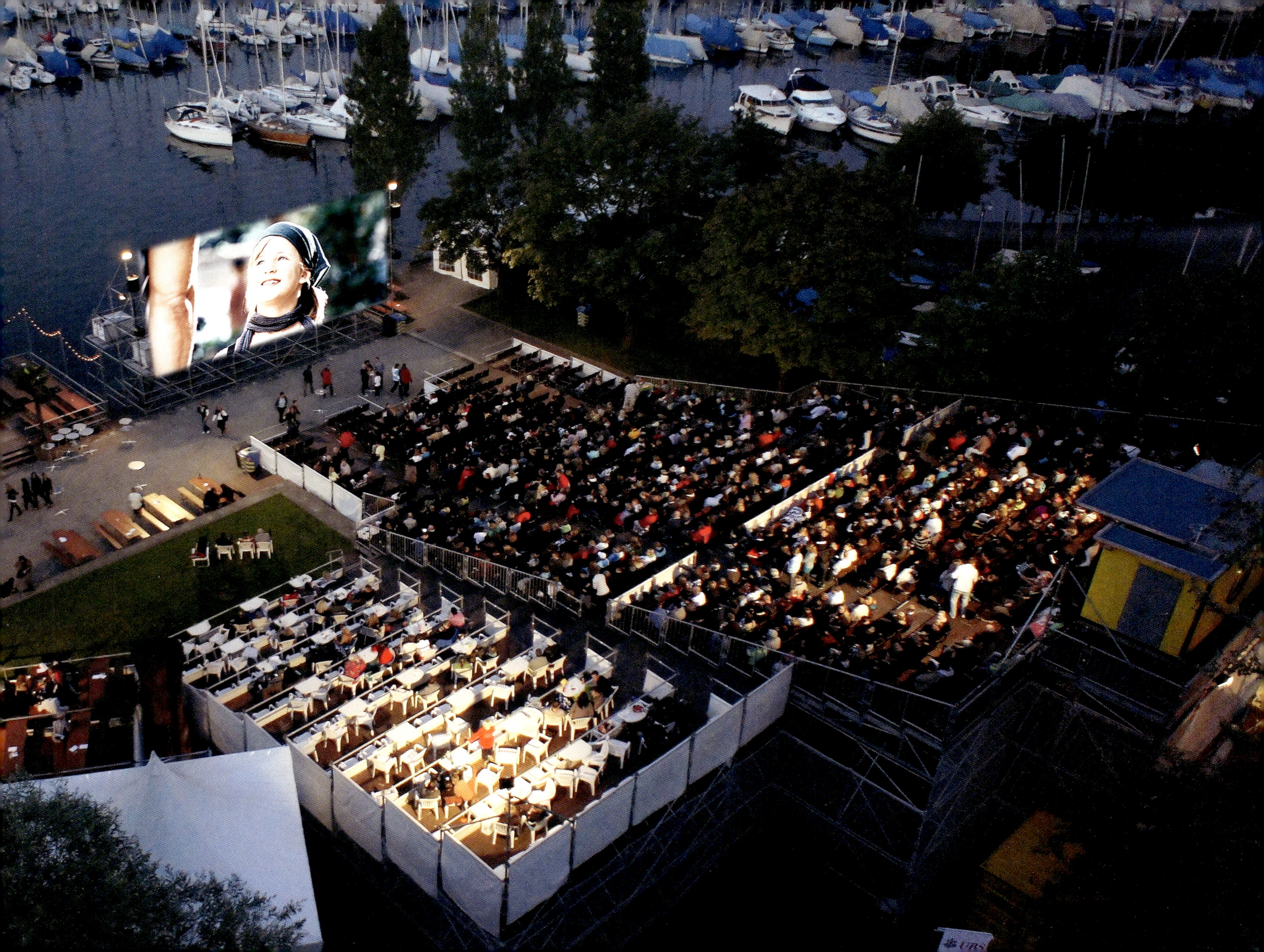

B-Sides Festival auf dem Sonnenberg, Kriens
B-Sides Festival on the Sonnenberg, Kriens

Hoforgel Luzern mit Wolfgang Sieber
Organ recital in Lucerne with Wolfgang Sieber

Lucerne Blues Festival mit Deitra Farr
Lucerne Blues Festival with Deitra Farr

The 17th Annual Lucerne Blues Festival.

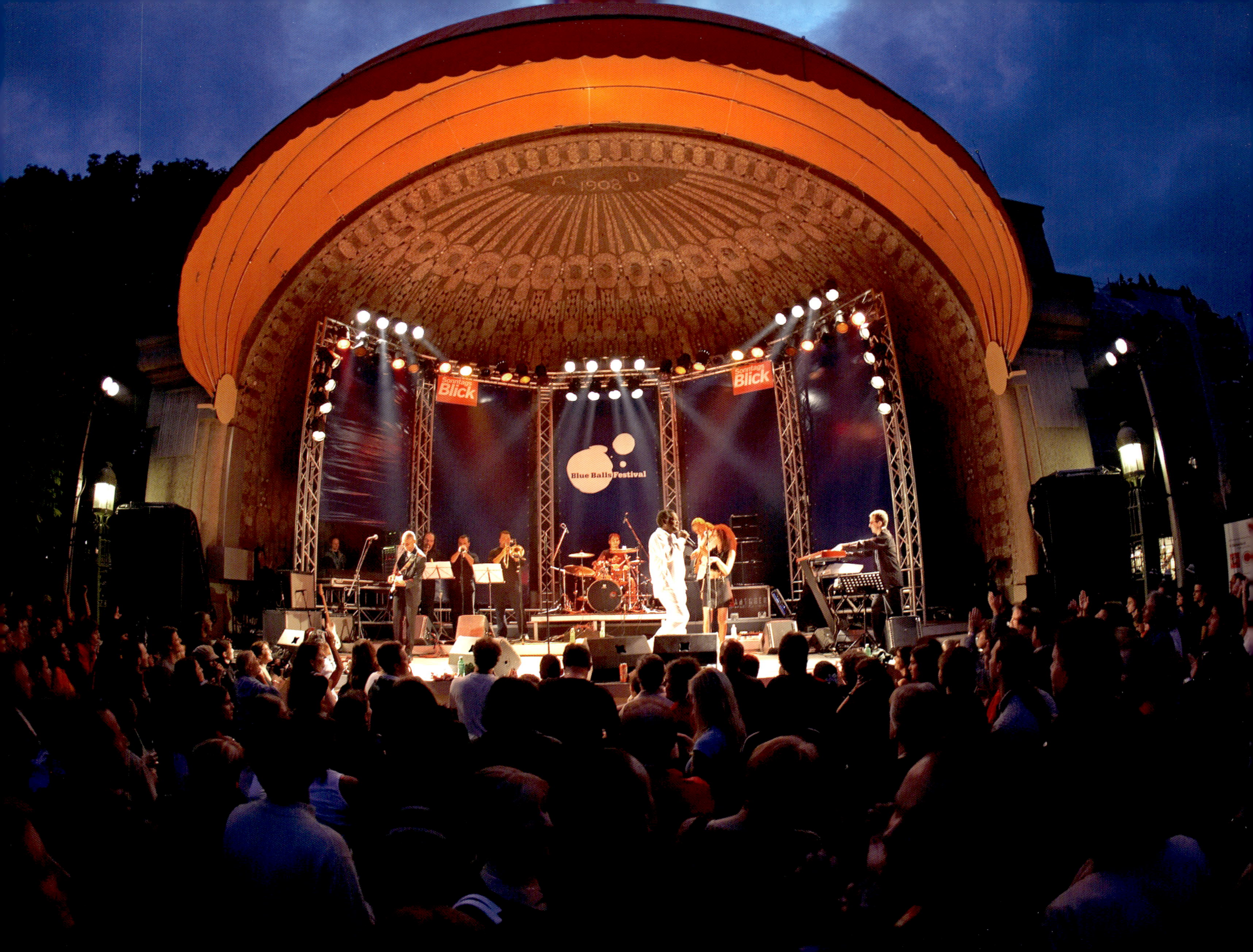
A 1908 D
Sonntags Blick
Sonntags Blick
Blue Balls Festival

Blue Balls Festival im Musikpavillon
Blue Balls Festival in the Bandstand

Sydney Ellis Trio, Honky Tonk Festival, Hotel Stern, Luzern
Sydney Ellis Trio, Honky Tonk Festival, Hotel Stern, Lucerne

Luzerner Fasnacht mit Saunafäger
Lucerne Carnival with Saunafäger masked group

Monstercorso mit Bohème Musig
Monster Parade with Bohème Musig

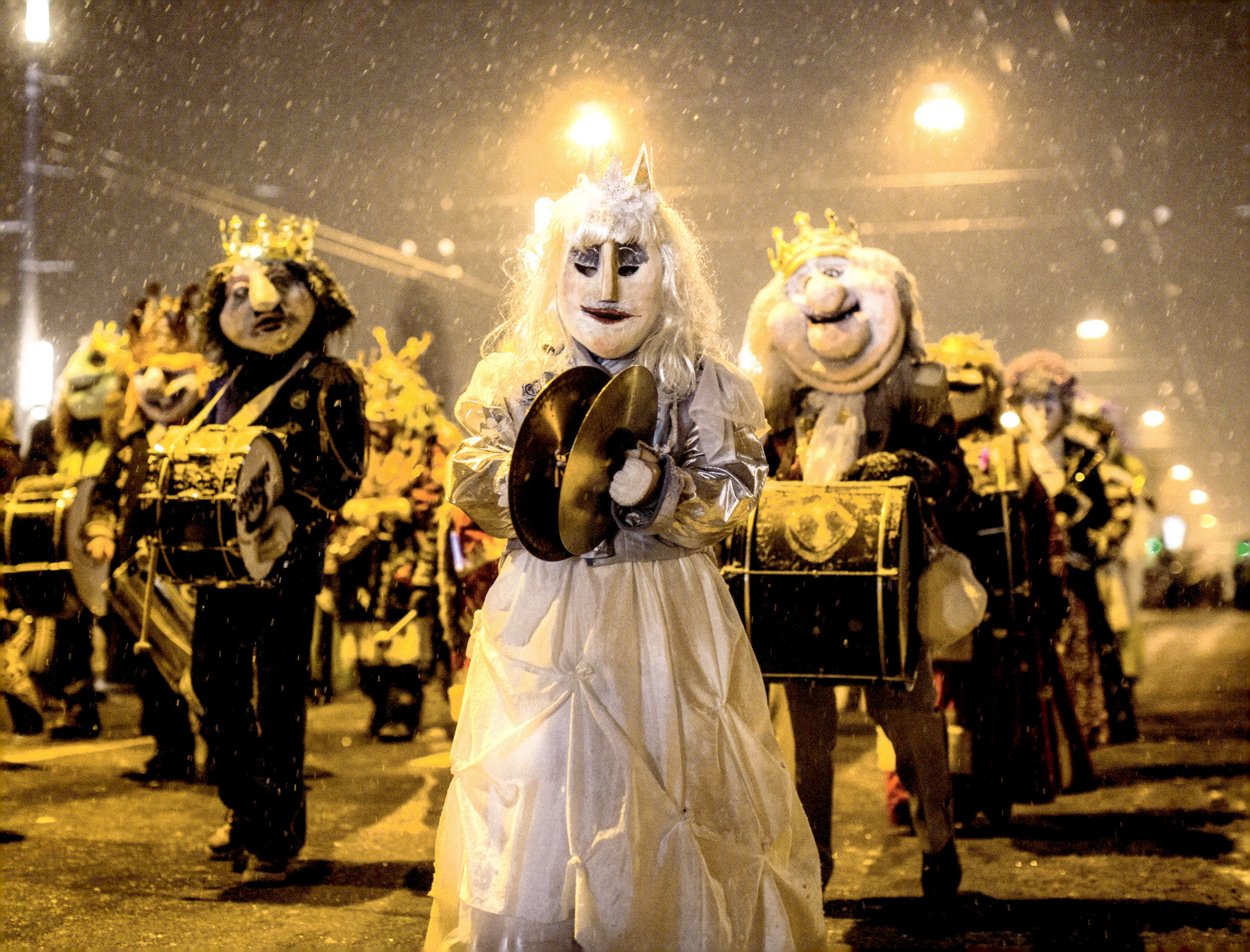

Luzerner Fasnacht mit Touristen
Lucerne Carnival tourists

Altstadtkanone Lozärn als Appenzeller Hochspringer
Altstadtkanone Lozärn group as Appenzeller pole vaulters

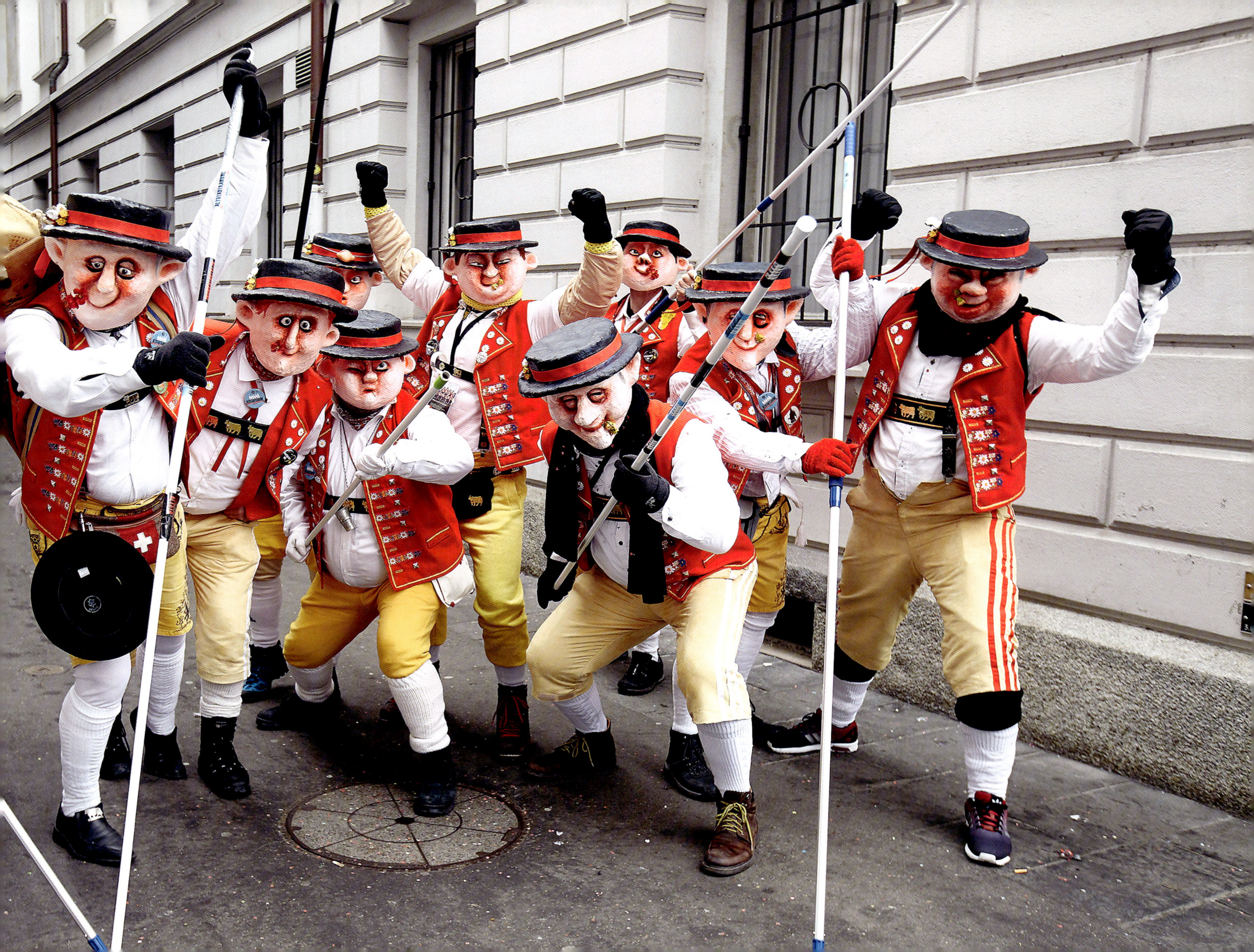

Luzerner Fasnacht, Vikinger
Lucerne Carnival, Vikinger

Domus Strassentheater: ein Tennismatch
«Domus» street theatre group: a tennis match

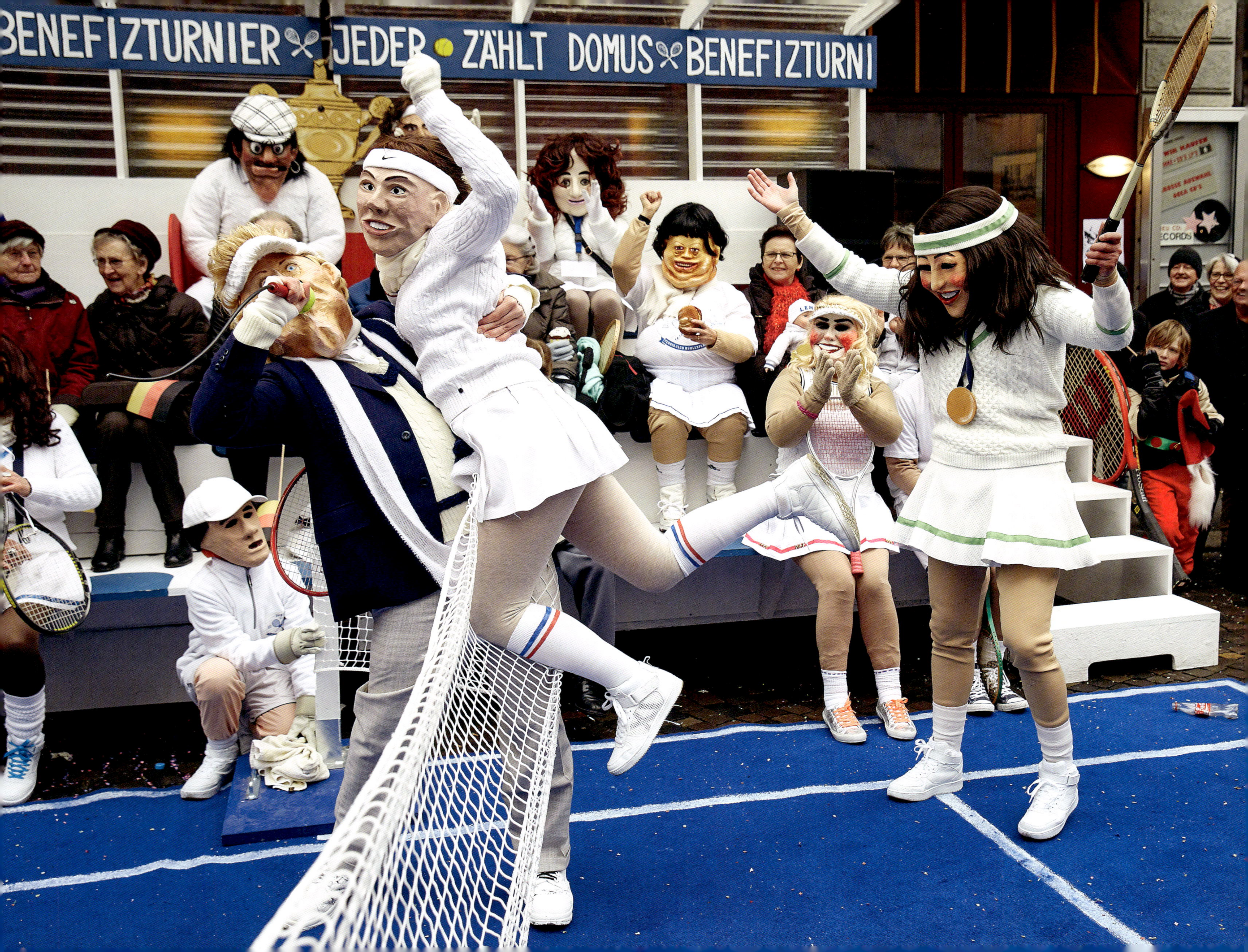
BENEFIZTURNIER JEDER ZÄHLT DOMUS BENEFIZTURNI

Innovationsschub in den Zentralschweizer Voralpen
Ronald Joho-Schumacher

Seit Jahren zeigt sich jeweils Ende Oktober im KKL Luzern das gleiche Bild: Im Beisein von 1700 begeisterten Zuschauern adeln die Ökonomen von BAK Basel Economics den Wirtschaftsstandort Zentralschweiz. Grund: Die Zentralschweiz wächst Jahr für Jahr kräftig. Damit sichert sie sich im nationalen Ranking einen Spitzenplatz. Bühne ist die Veranstaltung «Perspektiven für den Wirtschaftsstandort Zentralschweiz» – eine viel beachtete Standortbestimmung für einen Wirtschaftsraum, der die Kantone Luzern, Ob- und Nidwalden, Schwyz, Uri und Zug umfasst. Ein wesentlicher Pfeiler des geerdeten Wachstums ist der Tourismus.

Szenenwechsel: 1871 kaufen Franz Josef Bucher-Durrer und Josef Durrer die Alp Tritt auf dem Bürgenberg. Sie legen damit den Grundstein für das Bürgenstock Resort – Sinnbild für die enorme Innovationskraft einer aufstrebenden Tourismusregion: Das Grandhotel (1873), das Palace Hotel (1888) die Bürgenstockbahn (1888), das Park Hotel (1904) sowie der Felsenweg und der Hammetschwand-Lift sind markante Zeugnisse des Pioniergeistes. Der Erste Weltkrieg (1914–1918) führt zu einer Zäsur – der Tourismus bricht ein. 1925 folgt der Neustart unter der Ägide der Familie Frey-Fürst. Friedrich Frey-Fürst glaubt an die Zukunft und investiert kräftig. 1953 ist es seinem initiativen wie kreativen Sohn Fritz Frey vorbehalten, das Resort weiterzuentwickeln. Als Zeitgeist-Marketinggenie führt er das Resort zu Weltruf. Illustre Gäste aus Politik, Wirtschaft und Showbusiness finden auf dem Bürgenberg Erholung und Diskretion.

Konrad Adenauer, Ludwig Erhard, Pandit Nehru, Jimmy Carter, Helena Rubinstein, Wernher von Braun, Audrey Hepburn, Mel Ferrer, Sophia Loren oder Sean Connery sind einige der bekannten Namen dazu.

Die einzige Konstante ist die Veränderung. Das Bürgenstock Resort veranschaulicht das eindrücklich: 2017 wird das neue Resort eröffnet. Dann lädt auf dem Bürgenberg bei Luzern ein Leuchtturmprojekt zu Erholung, Entspannung und Business ein. Das neue Resort hat die Gene zum nachhaltigen Aushängeschild von internationaler Bedeutung. Das Resort ist autofrei, erstreckt sich über eine Länge von etwas mehr als einem Kilometer, zählt insgesamt 30 Gebäude, darunter drei Hotels mit rund 400 Zimmern bzw. 800 Betten, 68 Residence-Suiten sowie zwölf Restaurants und Bars. Das alles mitten in einer intakten Natur. Das Konzept ist diversifiziert bezüglich Saisonunabhängigkeit, Märkten und Angebot. Es umfasst das Waldhotel für «Healthy Living», die Hotelperlen Bürgenstock Hotel und Palace Hotel sowie ein vielfältiges Angebot für Business, für Kongresse, Konferenzen und Bankette, ein einzigartiges Spa-Angebot sowie Residence-Suiten und Villen mit Hotelservice.

Allein, das Resort ist nicht nur privates Rückzugsgebiet, sondern auch ein Naherholungsgebiet für die Bevölkerung der Region. Dafür sorgt die aufwendig renovierte Bürgenstock-Bahn, welche die Verbindung ins Resort per Schiff von Luzern aus (und zurück) sicherstellt. Den Ausflüglern eröffnet sich auf dem Bürgenberg ein naturnahes Wandergebiet.

Die touristische Innovationskraft der Zentralschweiz kennt weitere Zugpferde, die im Herzen der Schweiz eine schiere Euphorie ausgelöst haben. Beispielsweise in Andermatt, im Kanton Uri. Dort, wo bis vor einigen Jahren noch Militäranlagen standen, verwirklicht der Ägypter Samih Sawiris einen Ganzjahresferienort – das Resort Andermatt Swiss Alps. Im Endausbau wird das Resort sechs Hotels, rund 500 Appartements, 25 Villen, Kongresseinrichtungen sowie eine Schwimmhalle und einen 18-Loch-Golfplatz umfassen. Zudem werden die Skigebiete Andermatt und Sedrun zur attraktiven Skiarena Andermatt-Sedrun zusammengeführt. Bereits eröffnet ist das 5-Sterne-de-Luxe-Hotel The Chedi Andermatt.

Innovationen generieren Wertschöpfung, zumal in touristischen Regionen. Es geht vor allem um Arbeitsplätze, um Wohlstand in einer Region, der es an natürlichen Ressourcen fehlt. Das Gesamtinvestitionsvolumen für das Bürgenstock Resort beträgt 500 Millionen Franken. Das kurbelt die Volkswirtschaft kräftig an. Eine Studie von BAK Basel Economics beziffert das direkte und das indirekte jährliche Umsatzvolumen im Vollbetrieb auf rund 140 Millionen Franken. Das neue Resort schafft sowohl direkt wie auch indirekt Arbeitsplätze für 1100 Personen. Die jährlich entrichtete Lohnsumme an die Mitarbeitenden und Zulieferer beträgt rund 60 Millionen Franken. Weiter werden bei Kantonen und Gemeinden jährlich Steuererträge von rund 8 Millionen Franken generiert.
Die neu sanierte Destination wird aber auch zu einem starken Partner für Luzern Tourismus. Die Leuchtenstadt kann ihr Angebot an Hotelbetten im 4- und 5-Sterne-Bereich auf einen Schlag ausbauen. Das Tourismusresort Andermatt wiederum schafft rund 1800 neue Arbeitsplätze. Zählt man auch die indirekten Effekte hinzu, entstehen bis zum Vollbetrieb des Resorts rund 3700 neue Stellen. Das entspricht für Uri einem Zuwachs von 29 Prozent. Die Wertschöpfung im Vollbetrieb wird auf rund 220 Millionen Franken jährlich geschätzt; das entspricht einer Zunahme um 14 Prozent.

Den Zentralschweizer Tourismusprojekten gemeinsam ist ihr Hintergrund. Es sind ausländische Investoren, die an die Marke Schweiz, an eine Tourismusregion glauben, die ihre Wurzeln in Traditionen und Werten hat. Beispiel dafür ist die Katara Hospitality Ltd. in Katar. Sie entwickelt und betreibt weltweit Hotel- und Tourismusprojekte. In der Schweiz sind es neben dem neuen Bürgenstock Resort das Royal Savoy in Lausanne, welches 2015 seine Tore öffnet, und das Hotel Schweizerhof in Bern. Das gesamte Investitionsvolumen beträgt 1 Milliarde Franken. Für die Konzeption, Entwicklung und den Betrieb der Hotels ist der Luzerner Bruno H. Schöpfer, Managing Director der Katara Hospitality Switzerland AG, zuständig. Er führt im Auftrag der Investoren weiter, was die Pioniere Franz Josef Bucher-Durrer und Josef Durrer geschaffen haben. Der Kreis schliesst sich.

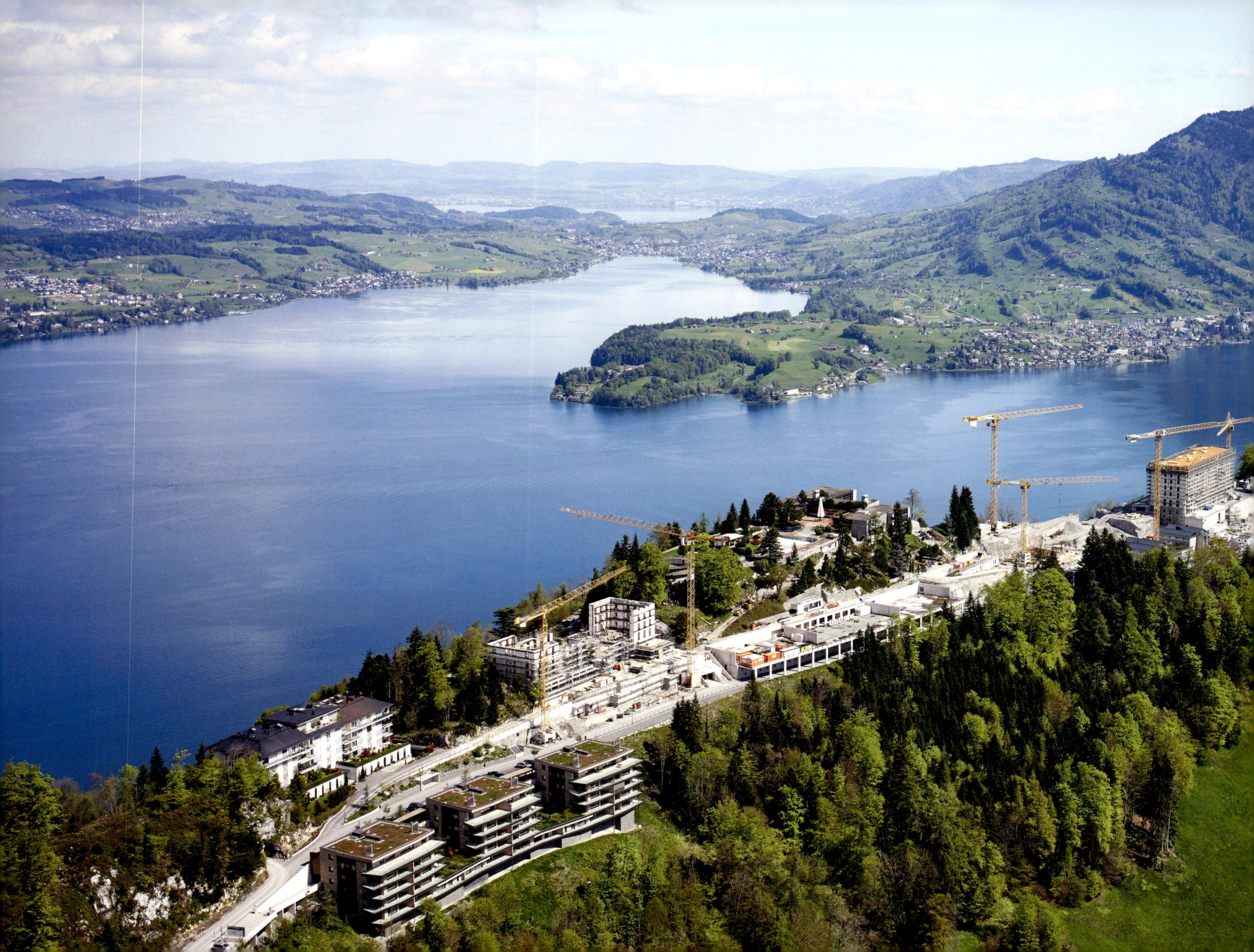

Bürgenstock Resort Luzern mit Vierwaldstättersee und Rigi, 30. April 2015
Bürgenstock Resort Lucerne, with Lake Lucerne and Mount Rigi, 30th April 2015

Bürgenstock Resort Luzern 2015, Bau des Hotels Palace
Bürgenstock Resort Lucerne under construction in 2015, showing the Palace Hotel

Baustellen-Golfturnier
Golf tournament on the construction site

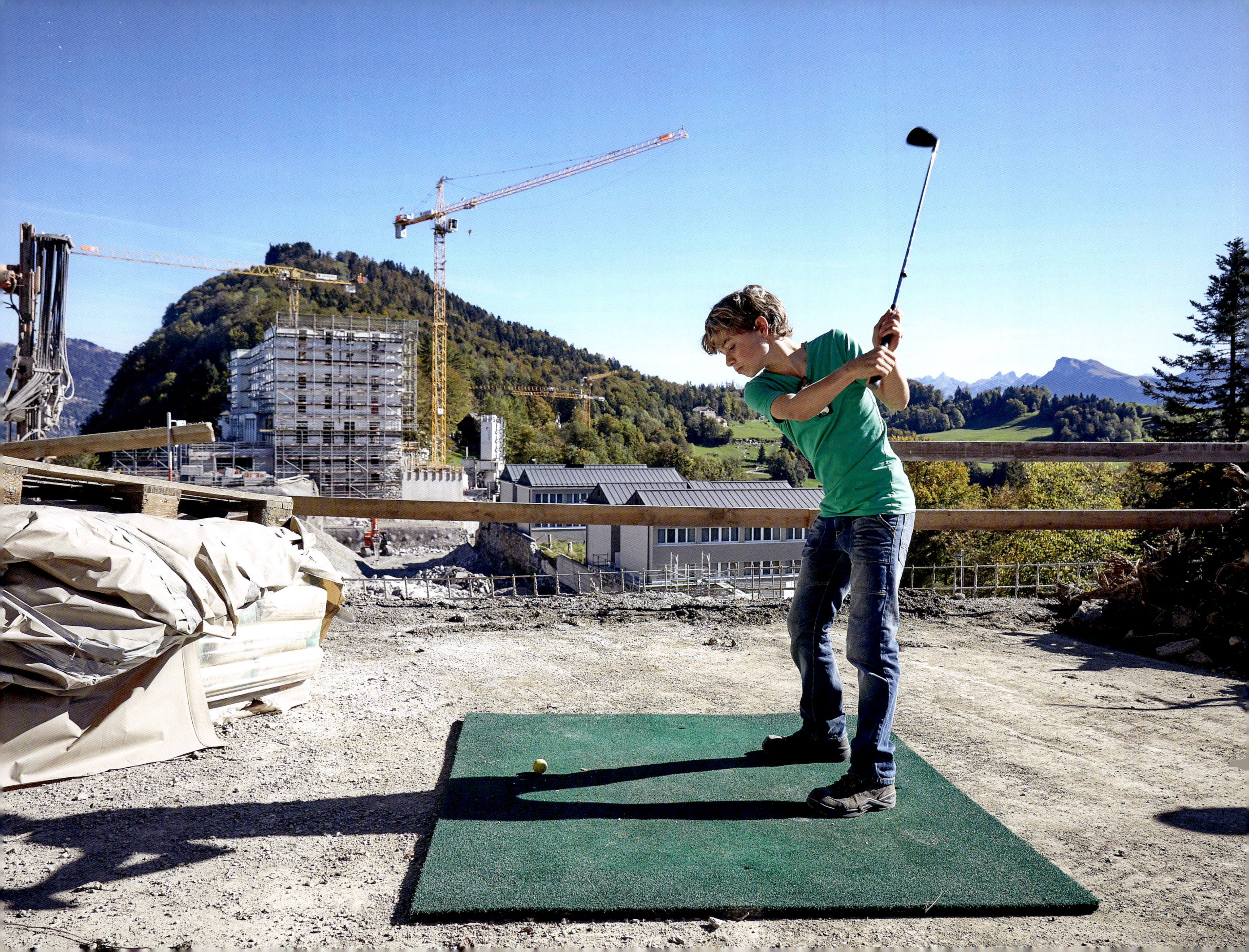

Baustelle der Andermatt Swiss Alps
Andermatt Swiss Alps construction site

Hotel The Chedi Andermatt
Hotel The Chedi Andermatt

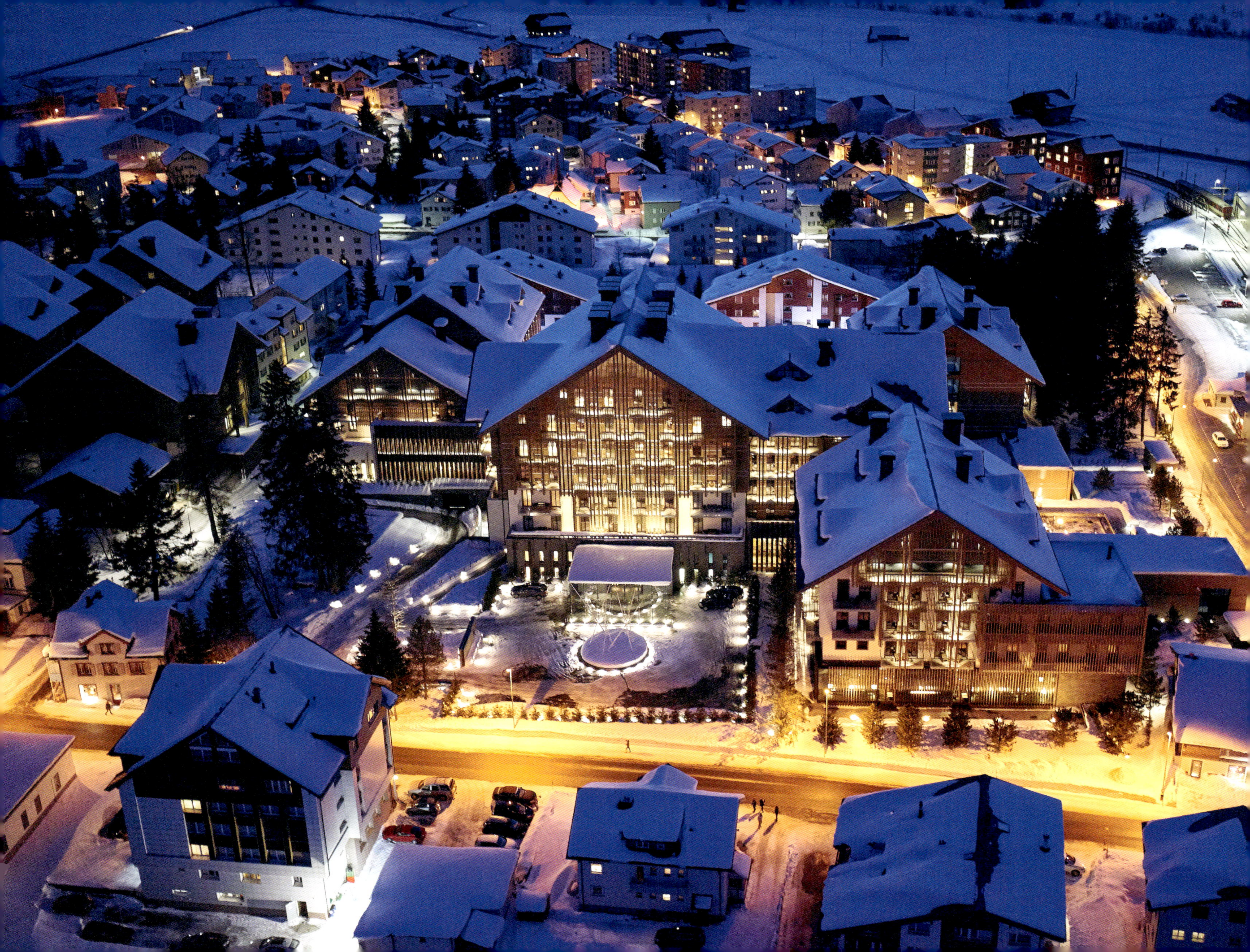

Innovation in the Alpine Area of Central Switzerland
Ronald Joho-Schumacher

For years now, there has always been the same picture at the end of October in the Culture & Congress Centre in Lucerne (KKL). In the presence of 1,700 enthusiastic spectators, the economists from BAK Basel Economics ennoble the business location of Central Switzerland. The reason: Central Switzerland is growing rapidly, year for year, and its leading position in the national ranking is thereby secured. The platform for this is the „Perspectives for the Business Location of Central Switzerland" event - a highly regarded benchmark determination for an economic area that includes the cantons of Lucerne, Obwalden, Nidwalden, Schwyz, Uri and Zug. Tourism is a significant pillar of this well-based growth.

Change of scene: In 1871, Franz Josef Bucher-Durrer and Josef Durrer buy the Tritt alp on the Bürgenberg. They thereby lay the foundation stone for the Bürgenstock Resort - a symbol of the enormous innovative power of an emerging tourist region. The Grand Hotel (1873), the Palace Hotel (1888) the Bürgenstock mountain railway (1888), and the Park Hotel (1904), together with the Felsenweg path and the Hammetschwand lift, are striking evidence of this pioneering spirit. The First World War (1914 - 1918) leads to an interruption to these activities - tourism collapses. A new start begins in 1925, led by the Frey-Furst family. Friedrich Frey-Fürst believes in the future, and invests heavily. In 1953, it falls to his initiative and creative son, Fritz Frey, to redevelop the resort. As a marketing genius in tune with the spirit of the age, he makes the resort world-famous. Illustrious guests from politics, business and show business find relaxation and discretion on the Bürgenberg. Konrad Adenauer, Ludwig Erhard, Pandit Nehru, Jimmy Carter, Helena Rubinstein, Wernher von Braun, Audrey Hepburn, Mel Ferrer, Sophia Loren and Sean Connery are just some of the famous names that have been here.

The only thing that is constant is change. The Bürgenstock Resort provides an impressive example of this: the new resort will open in 2017. A lighthouse project on the Bürgenberg near Lucerne will then invite guests for rest, relaxation and business. The new resort has the potential to grow into a permanent showcase of international importance. The resort is car-free, and extends over a length of just over a kilometer, with a total of 30 buildings, including three hotels (5-star standard and 4-star superior standard) with 400 rooms and 800 beds, 68 residence suites, as well as twelve restaurants and bars. And all of this embedded within undisturbed nature. The concept is diversified with regard to seasonal independence, markets and supply. It includes the Waldhotel (forest hotel) for „Healthy Living", the hotel pearls of the Bürgenstock Hotel and the Palace Hotel and a varied range of offers for business, conventions, conferences and banquets, a unique spa facility and residence suites and villas with hotel service.

The resort is not only a private retreat, but is also a recreational area for the local population. This has been ensured by the extensive renovation work on the Bürgenstockbahn funicular railway, which is the final stage of the boat connection between the resort and Lucerne (and back). A natural hiking area is opened up to excursionists on the Bürgenberg.

The innovative force behind tourism in Central Switzerland also has other leading attractions, which have triggered a feeling of sheer euphoria at the heart of Switzerland. For example, in Andermatt, in Canton Uri. Where military installations stood only a few years ago, the Egyptian developer Samih Sawiri has created an all-year-round holiday resort - the Andermatt Swiss Alps Resort. When completed, the resort will include six hotels in the 4-star range, around 500 apartments in 42 buildings, 25 villas, conference facilities, an indoor swimming pool and an 18-hole golf course. In addition, the Andermatt and Sedrun ski areas will be joined together to create the attractive Andermatt-Sedrun Ski Arena. The 5-star-de-luxe Chedi Hotel with spa and wellness area has already opened.

Innovations generate added-value, especially in tourist regions. It's basically all about jobs, and about prosperity in a region that lacks natural resources. The total investment for the Bürgenstock Resort amounts to 500 million Swiss francs. This will be a sharp boost for the local economy. A study by BAK Basel Economics calculated that the direct and indirect annual turnover in full operation will be around 140 million Swiss francs. The new resort also creates jobs for 1,100 people, both directly and indirectly. The annual payroll paid to the employees and suppliers amounts to around 60 million francs. Furthermore, tax revenues of around 8 million francs a year will be generated for the cantons and municipalities.

The newly refurbished destination will also become a strong partner for Lucerne Tourism. The ‚City of Lights' can expand its range of hotel beds in the 4- and 5-star segment in one fell swoop.

The tourist resort of Andermatt, in turn, creates around 1,800 new jobs. If you also count the indirect effects, up to 3,700 jobs will be created up to the full operation of the resort. For the Canton of Uri, this represents a growth of 29 percent.

What the Central Switzerland tourism projects have in common is their background. It is foreign investors who believe in the ‚Switzerland' brand, and in a tourist area that has its roots in tradition and values. An example of this is Katara Hospitality Ltd., Doha (Qatar). They develop and operate hotel and tourism projects worldwide. In Switzerland, in addition to the new Bürgenstock Resort, these are the Royal Savoy in Lausanne, which opens its doors in 2015, and the Hotel Schweizerhof in Bern. The total investment amounts to 1 billion Swiss francs. Bruno H. Schöpfer, Managing Director of the Katara Hospitality Switzerland AG, who originates from Lucerne, is responsible for the design, development and operation of the hotels. On behalf of the investors, he continues the work that was started by the pioneers Franz Josef Bucher-Durrer und Josef Durrer. The circle closes.

Bahnhof Luzern
Lucerne railway station

Hirschenplatz, Luzern
Hirschenplatz in Lucerne

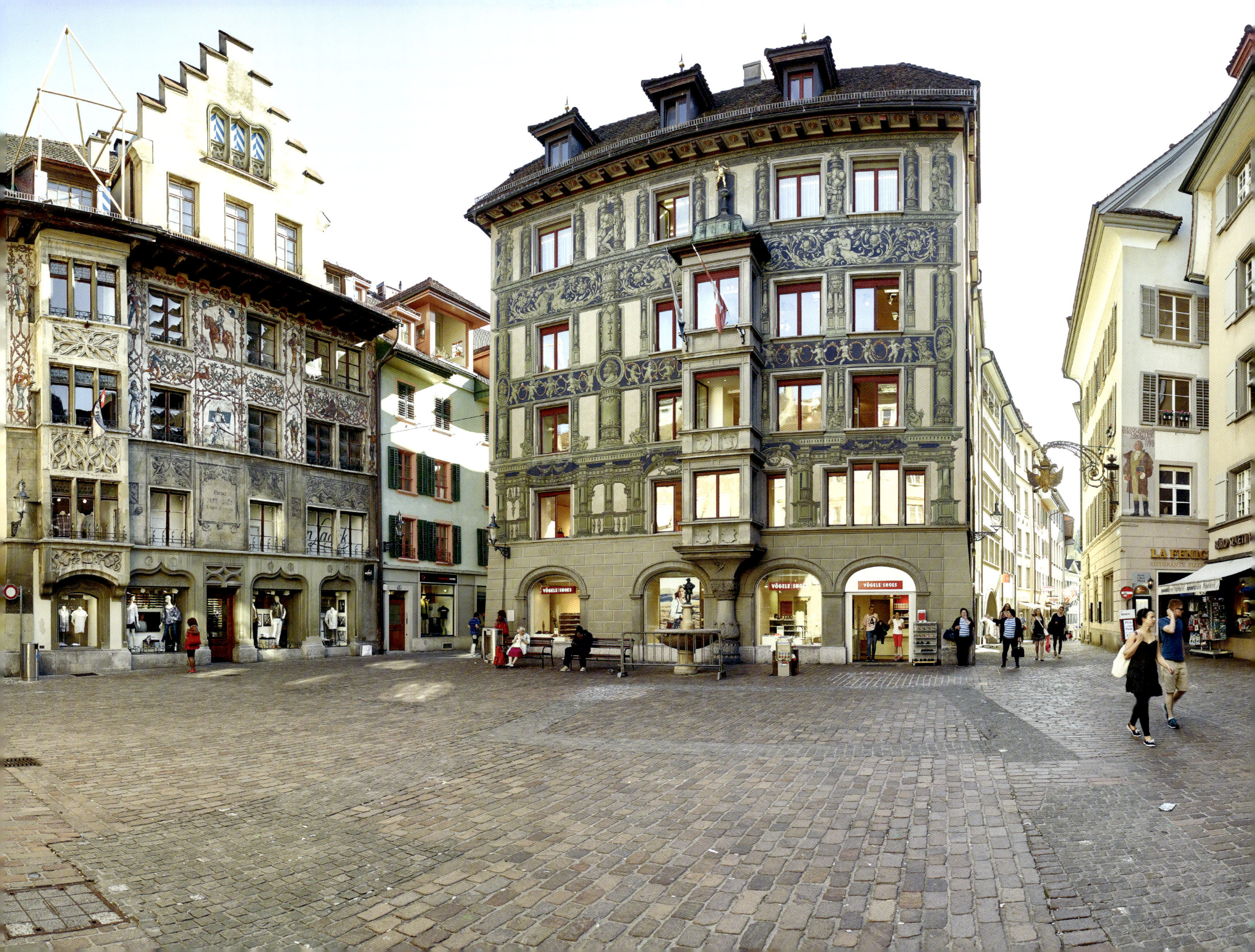
VÖGELE SHOES
LA FENICE

Wochenmarkt am Rathausquai, Luzern
Weekly market on the Rathausquai, Lucerne

Flohmarkt am Reussteg, Luzern
Flea market at the Reussteg, Lucerne

BALANCES
STRÖBEL
ZÜRICH
Natursauerteig-Brot
aus Deutschland
Internationales Käsesortiment
www.stroebel-finefood.ch

Wochenmarkt vor der Jesuitenkirche, Luzern
Weekly market in front of the Jesuit Church, Lucerne

Universität und Pädagogische Hochschule (PH), Luzern
University and Teacher Education Lucerne (PH Luzern)

Foyer des Uni/PH-Gebäudes, Luzern
Foyer of the Uni/PH Luzern building

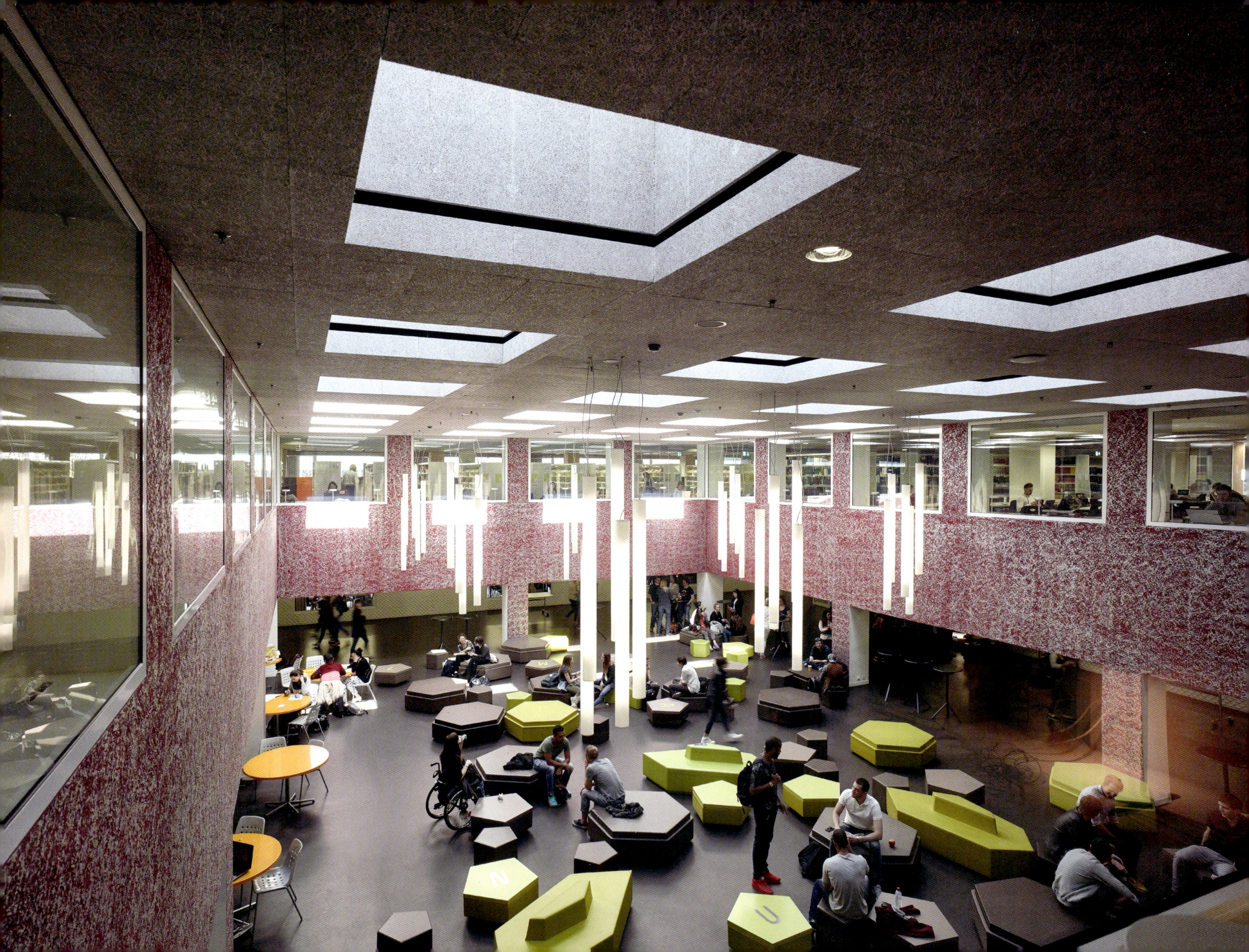

suva
kunsthalle luzern
Ganzer Platz
ausgenommen
markierte Felder

Bourbaki Panorama Luzern mit Stadtbibliothek, Luzern
Bourbaki Panorama and the City Library of Lucerne

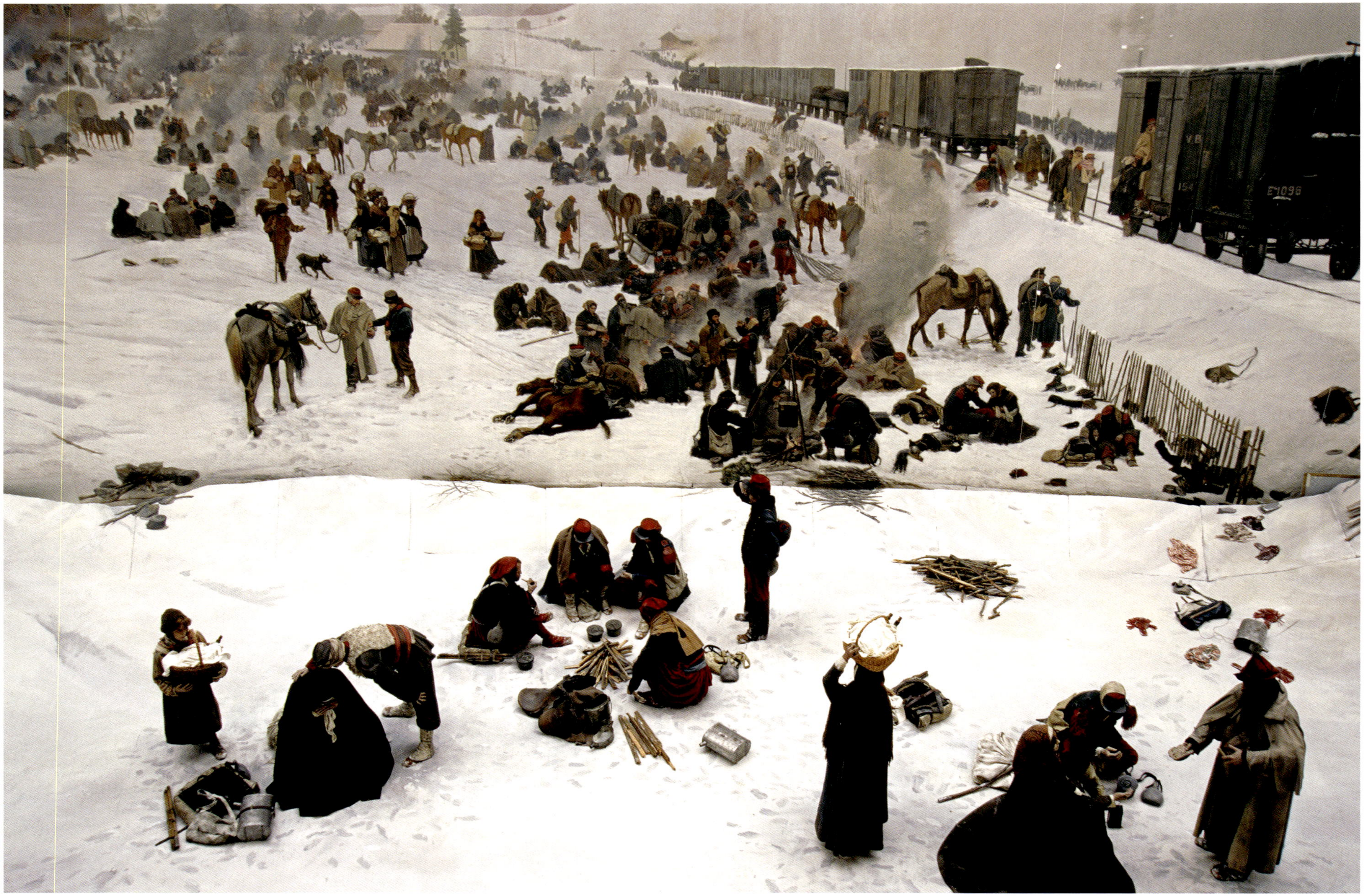

Bourbaki Panorama Luzern
Bourbaki Panorama Lucerne

Natur-Museum, Luzern
Natural History Museum, Lucerne

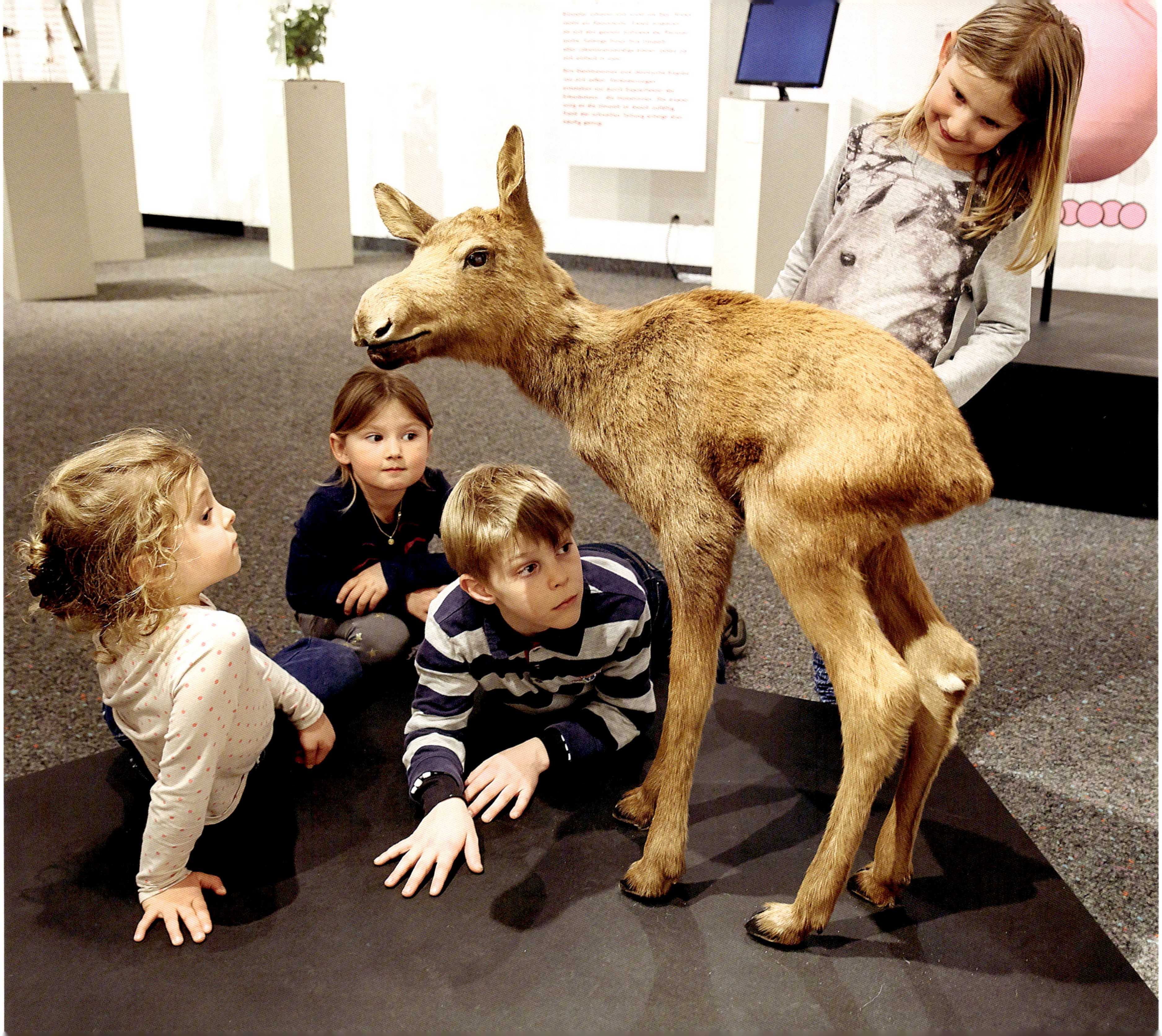

Museum Sammlung Rosengart, Luzern
Rosengart Collection Museum in Lucerne

Museum Sammlung Rosengart, Luzern, mit Martina Kral
Rosengart Collection Museum in Lucerne with Martina Kral

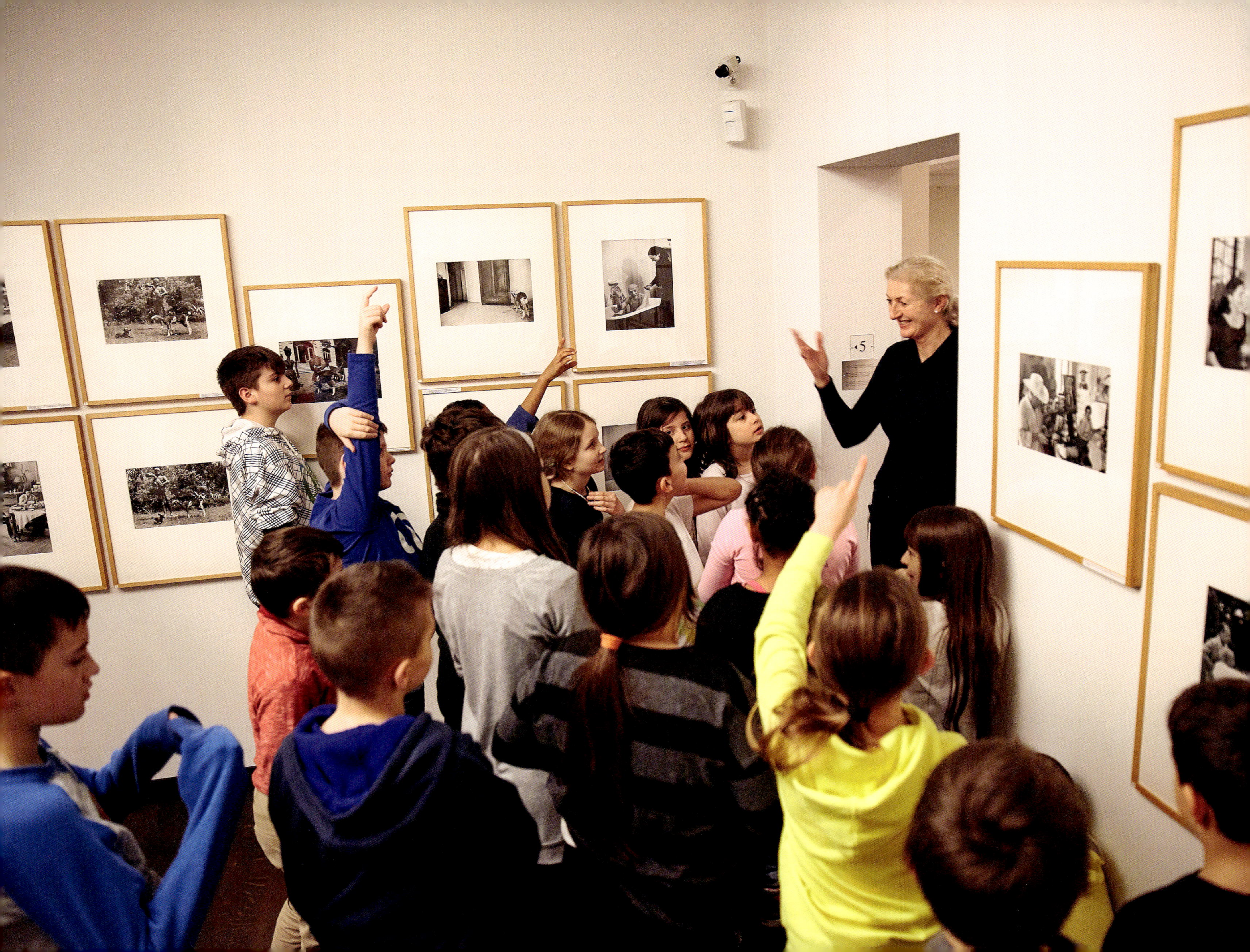
5

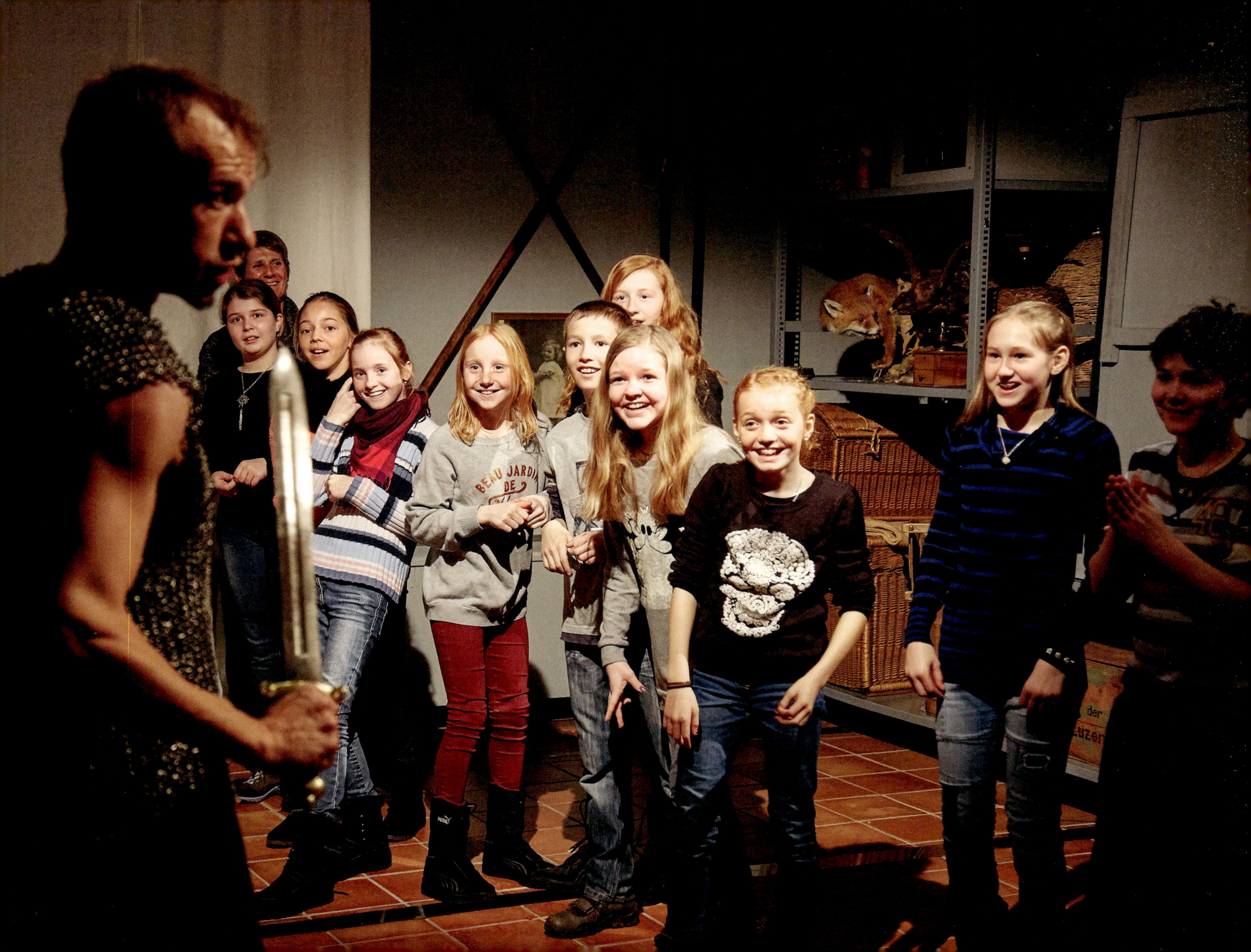
BEAU JARDIN
DE

Historisches Museum Luzern, Lagertour mit Dave Gilgen als Ritter und Nicole Davi als Zimmermädchen
Historical Museum of Lucerne, Camp tour with Dave Gilgen as a knight and Nicole Davi as a maid

Hans Erni Museum im Verkehrshaus der Schweiz, Luzern
Hans Erni Museum in the Swiss Transport Museum in Lucerne

Kunstmaler Hans Erni (1909–2015) 2013 in seinem Atelier in Luzern
Artist Hans Erni (1909-2015) in his Lucerne studio in 2013

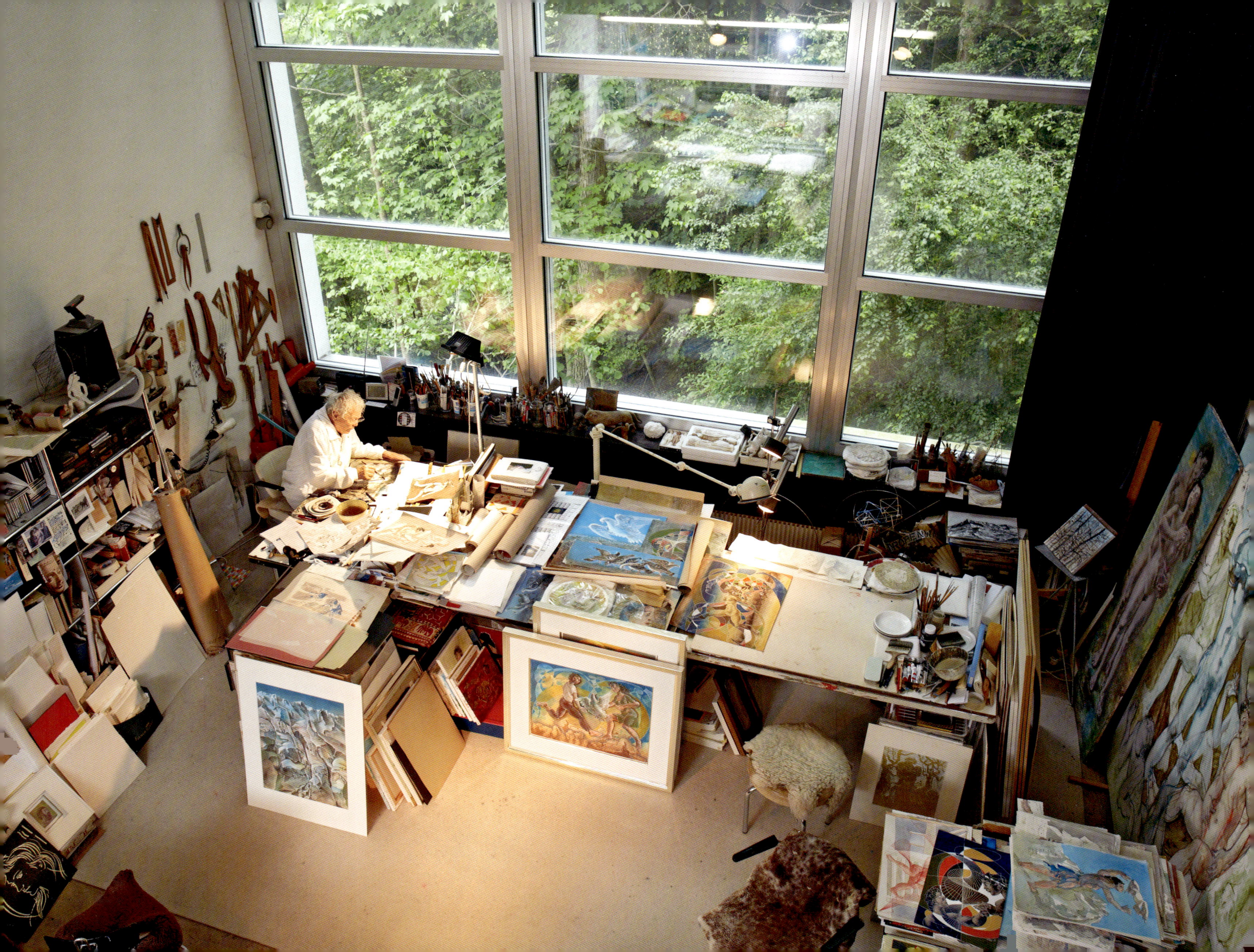

Swissarena im Verkehrshaus der Schweiz, Luzern
Swissarena in the Swiss Transport Museum, Lucerne

Halle Luftfahrt im Verkehrshaus der Schweiz, Luzern
Aviation Hall in the Swiss Transport Museum, Lucerne

Altstadt, Luzern
Lucerne Old Town, Lucerne

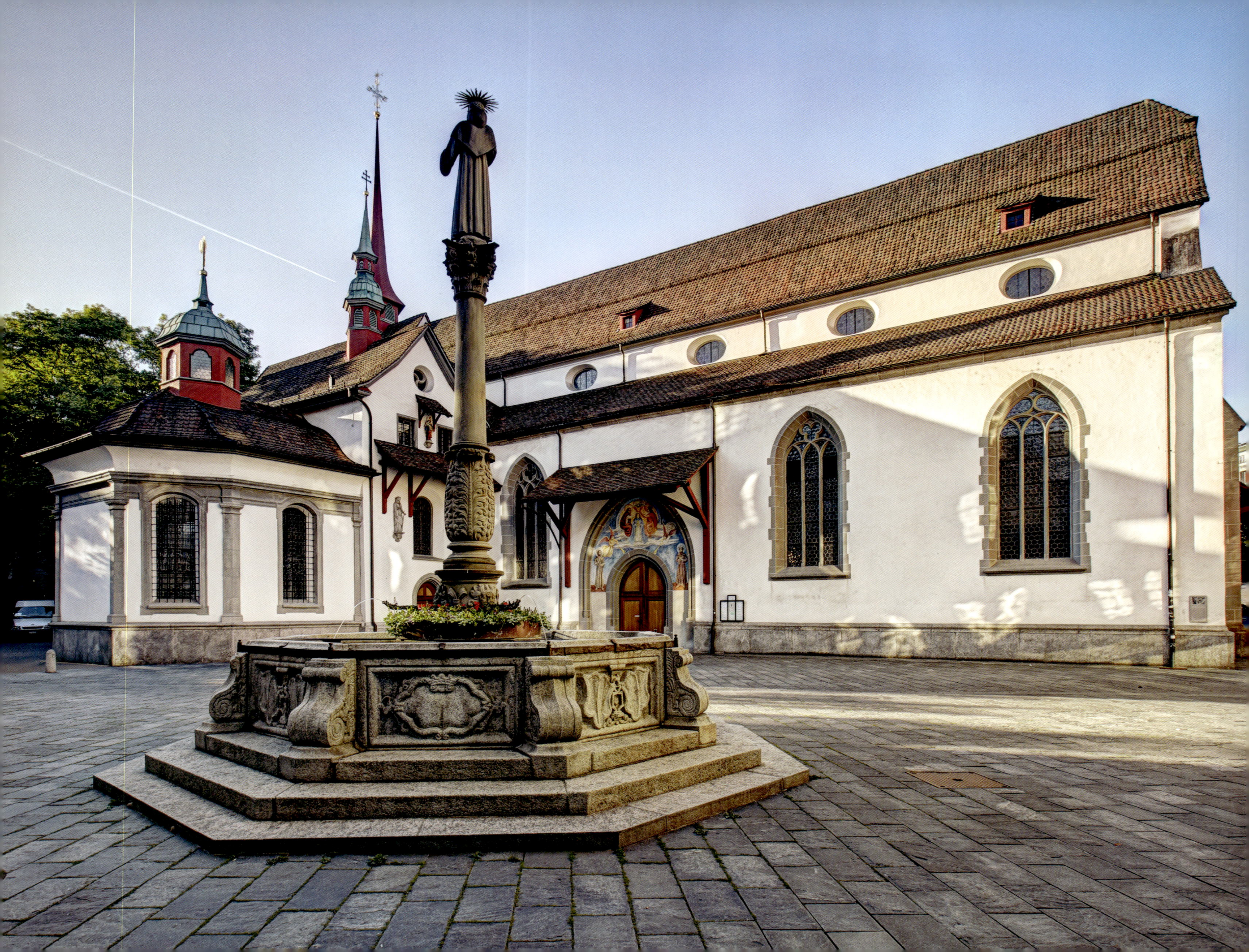

Barfüsserbrunnen auf dem Franziskanerplatz, Luzern
Barfüsser fountain in the Franziskanerplatz, Lucerne

Spitalbrunnen Franziskanerplatz, Fritschibrunnen,
Zeughausbrunnen und Barfüsserbrunnen, Luzern
*Fountains in Lucerne: Spitalbrunnen on the Fransikanerplatz, Fritschibrunnen,
Zeughausbrunnen and Barfüsserbrunnen*

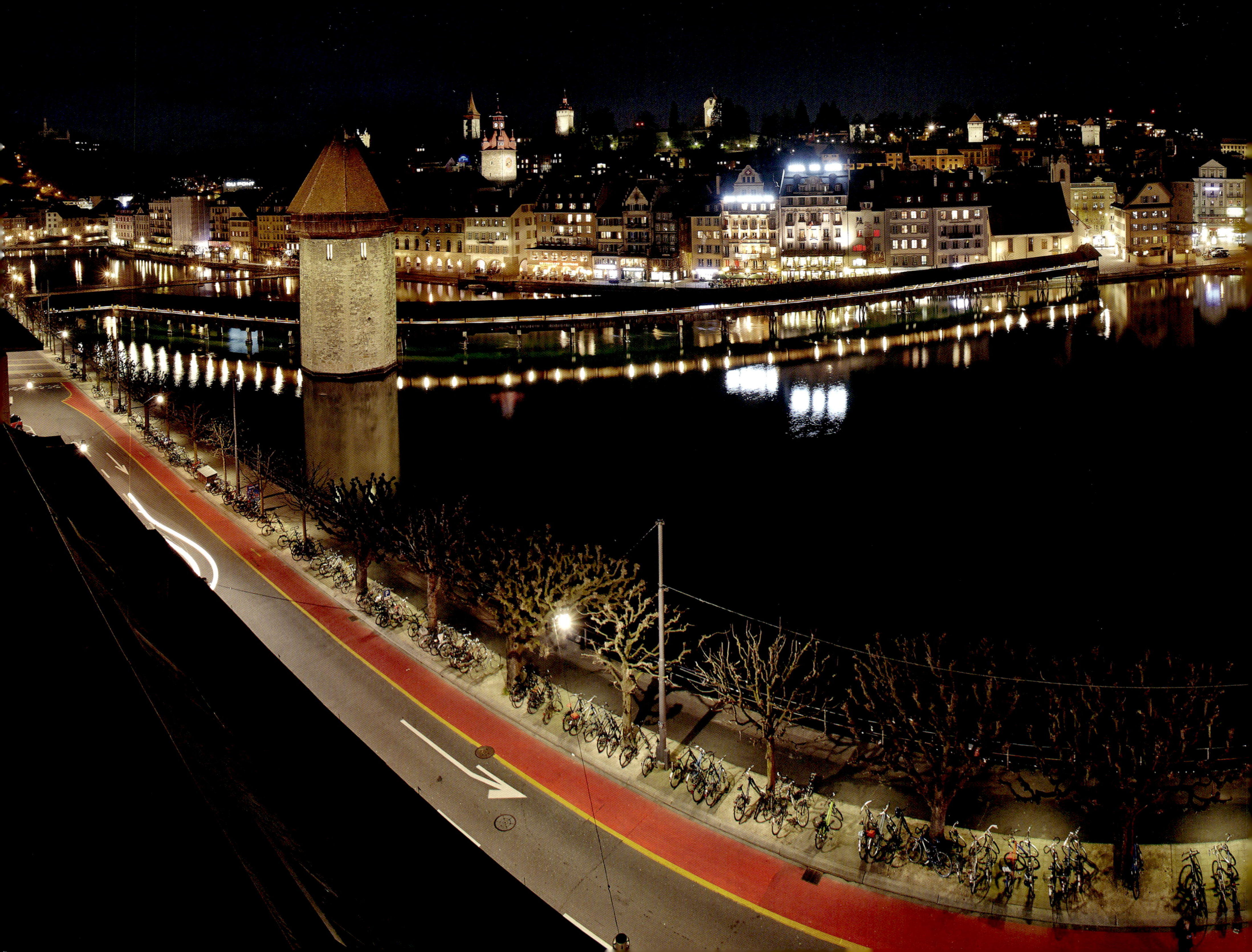

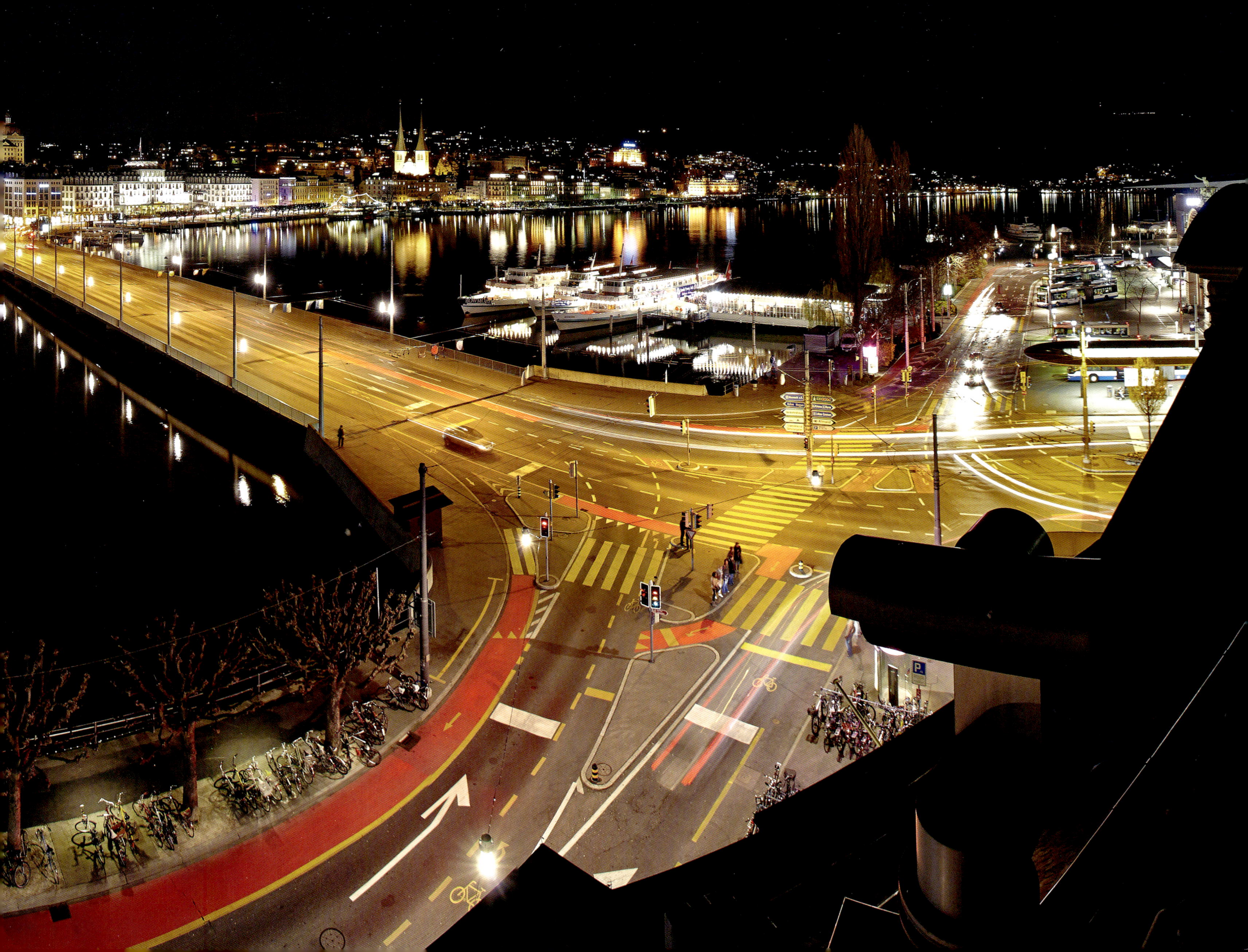

Luzern in der Nacht
Lucerne by Night

Sternsingen in Luzern
Star singing (Epiphany), Lucerne

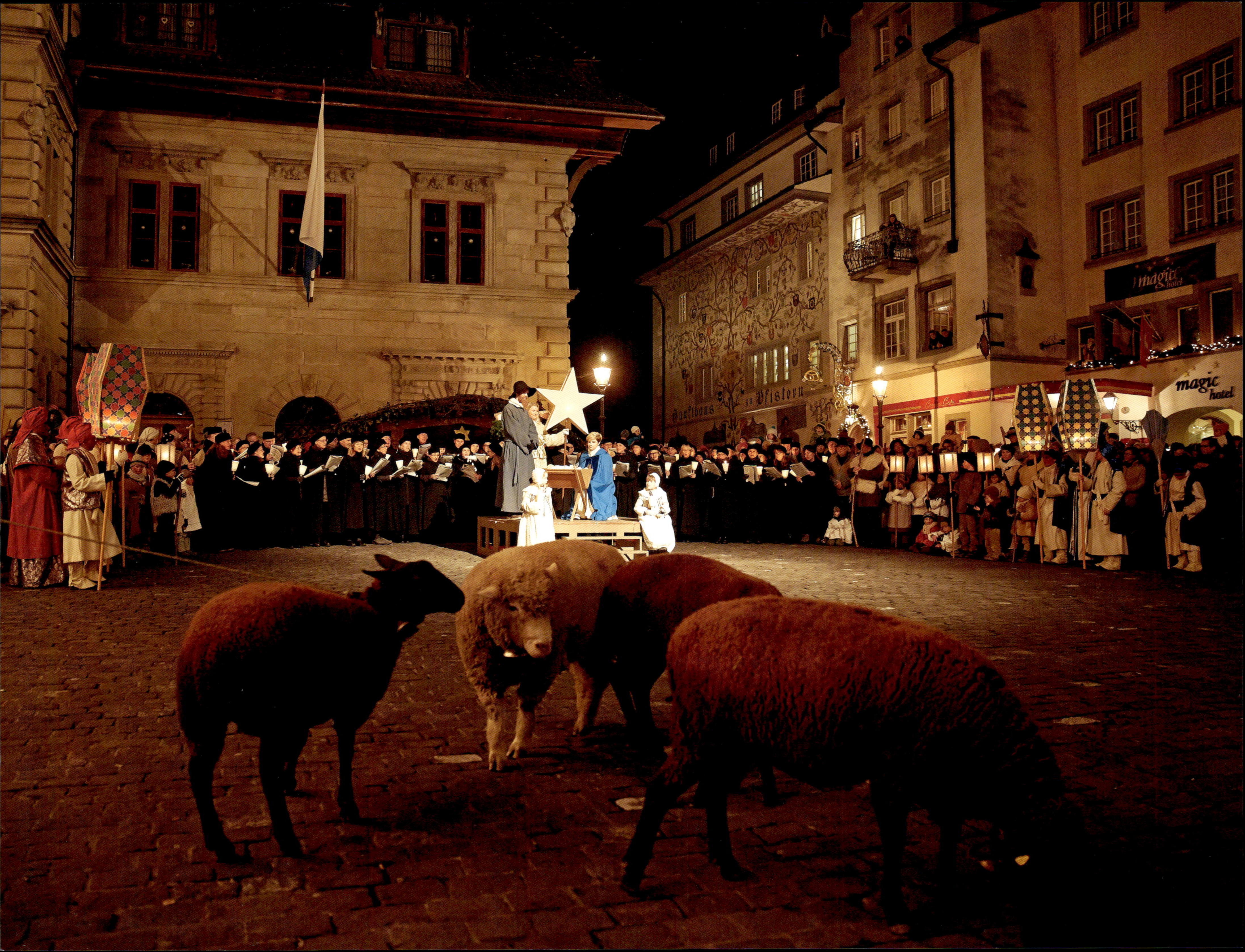
magic hotel
zu Pfistern
magic hotel

Swissporarena Allmend, Luzern
Swissporarena on the Allmend, Lucerne

Luzerner Bahnhof und KKL
Lucerne Railway Station and the KKL

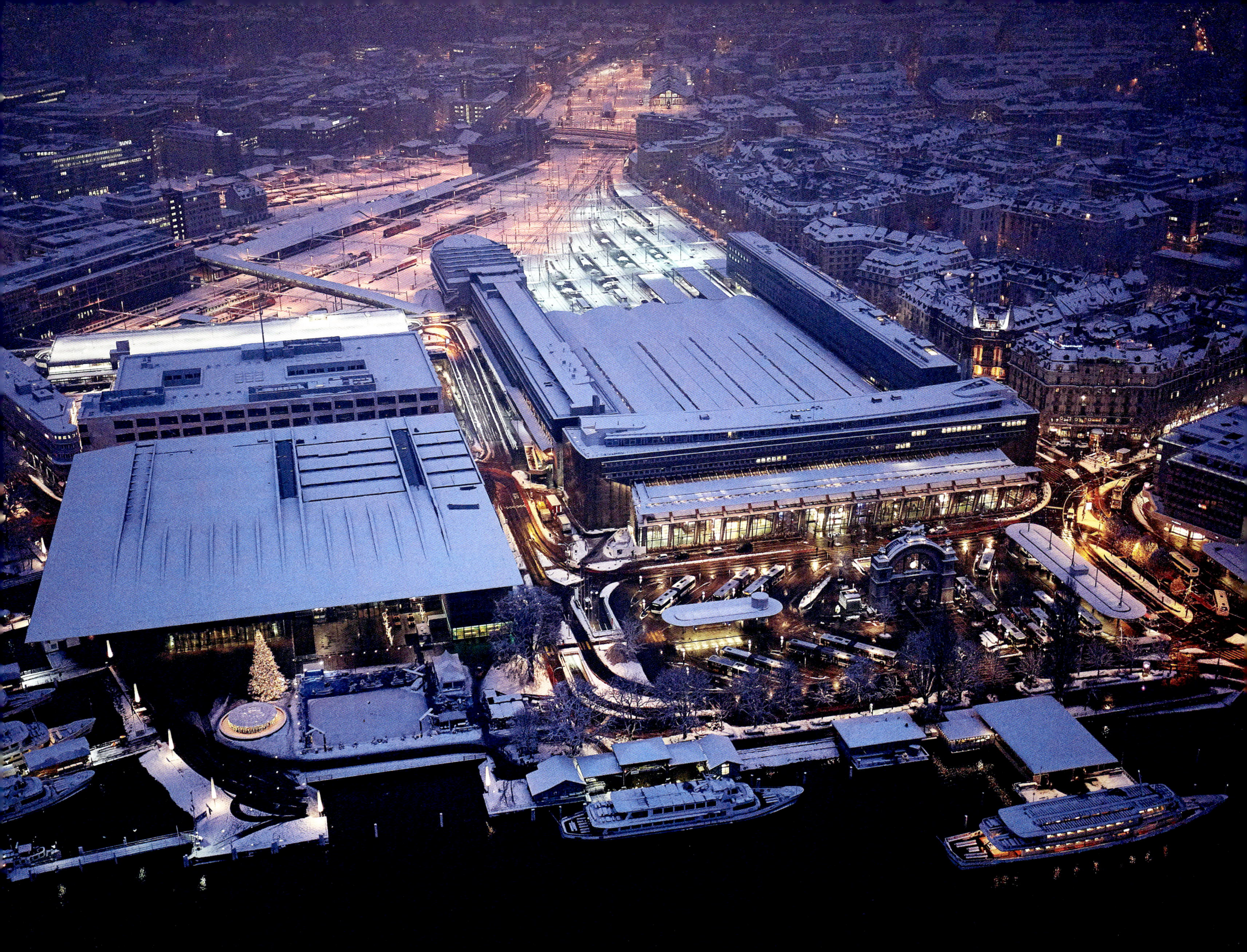

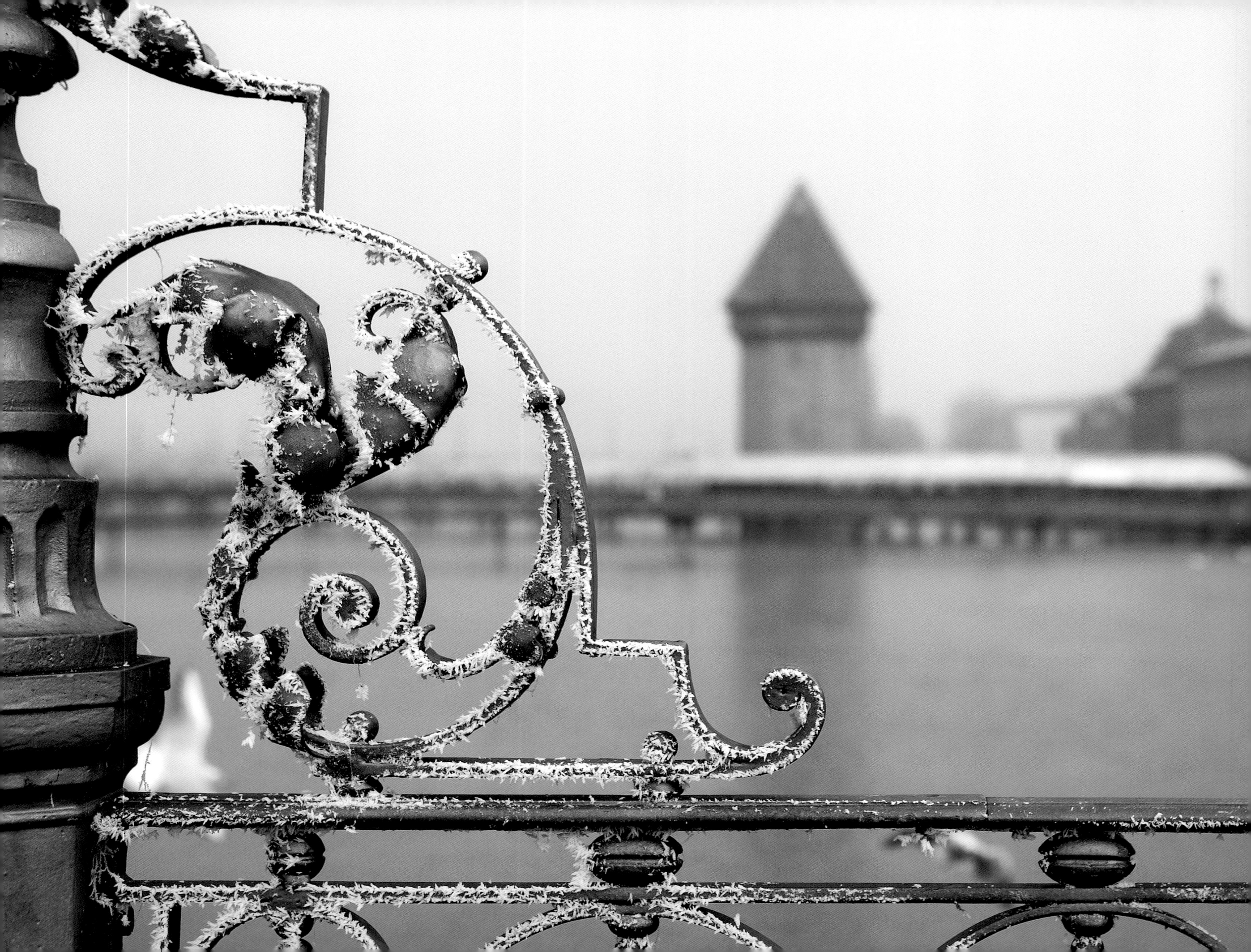

Reussbrücke
Reuss bridge

Rathaussteg, Luzern
Reuss bridge, Lucerne

Jesuitenkirche mit Luzerner Theater
Jesuit Church with the Lucerne Theatre

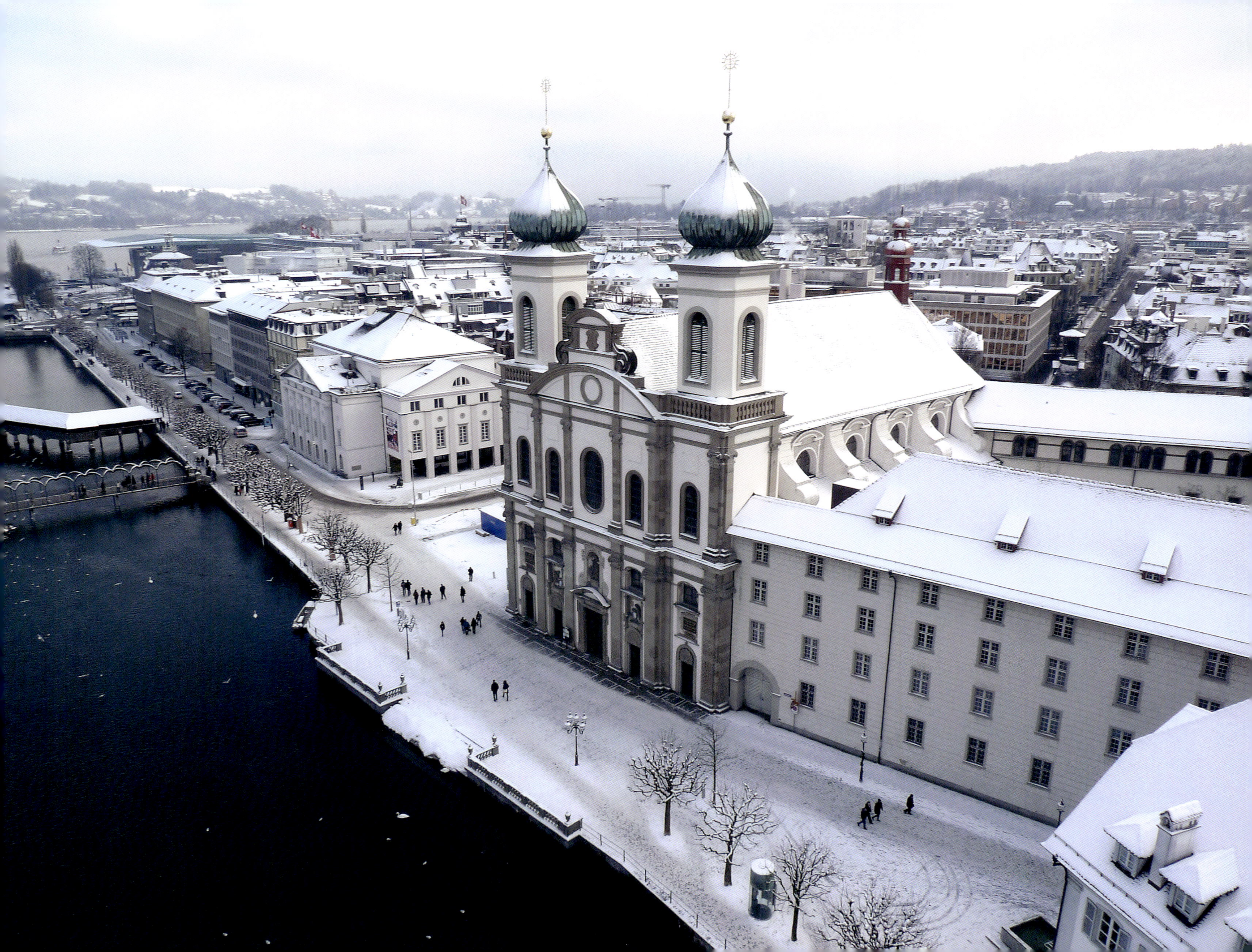

Stadt Luzern im Winter
City of Lucerne in winter

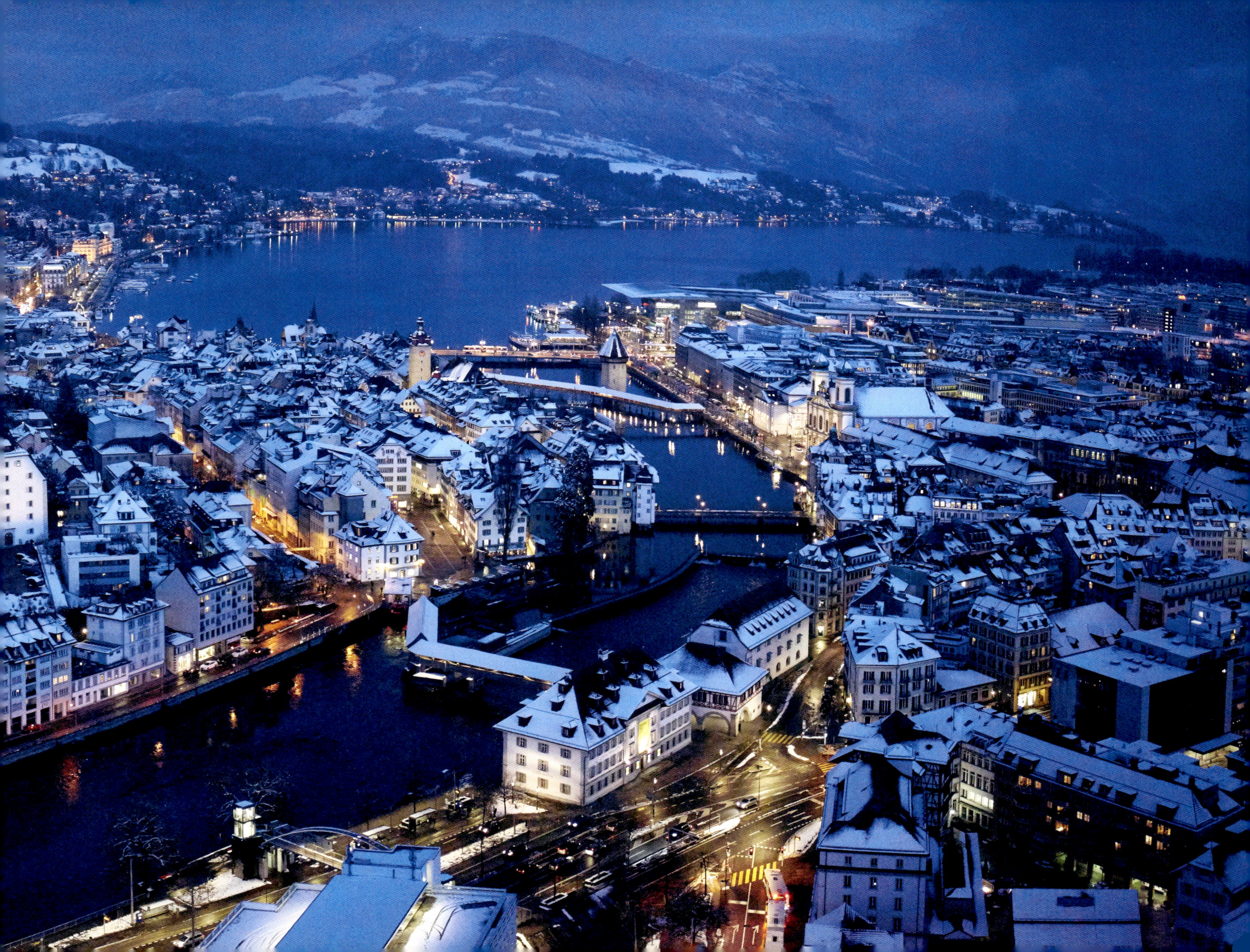

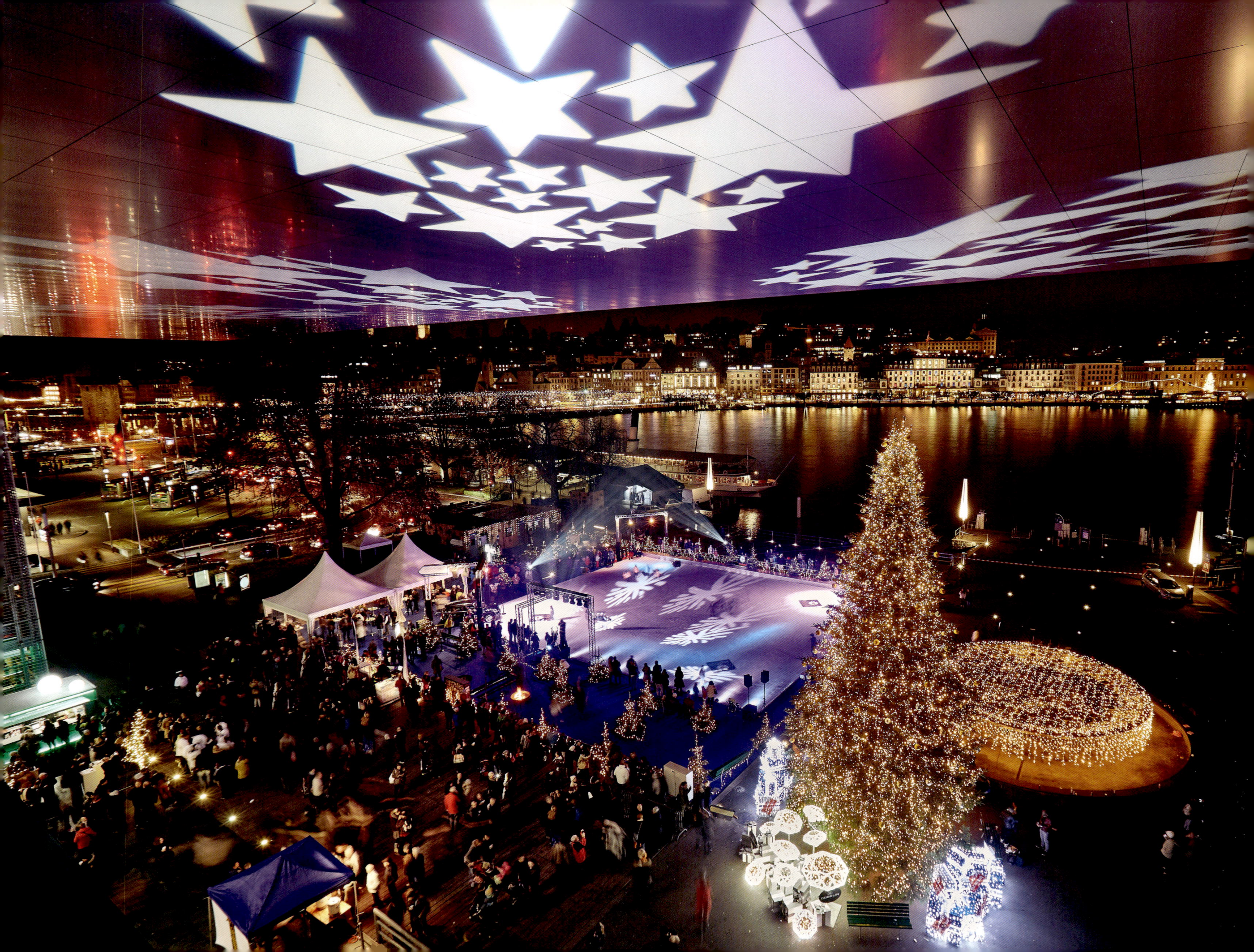

Live on Ice, Europaplatz, Luzern
Live on Ice, Europaplatz Lucerne

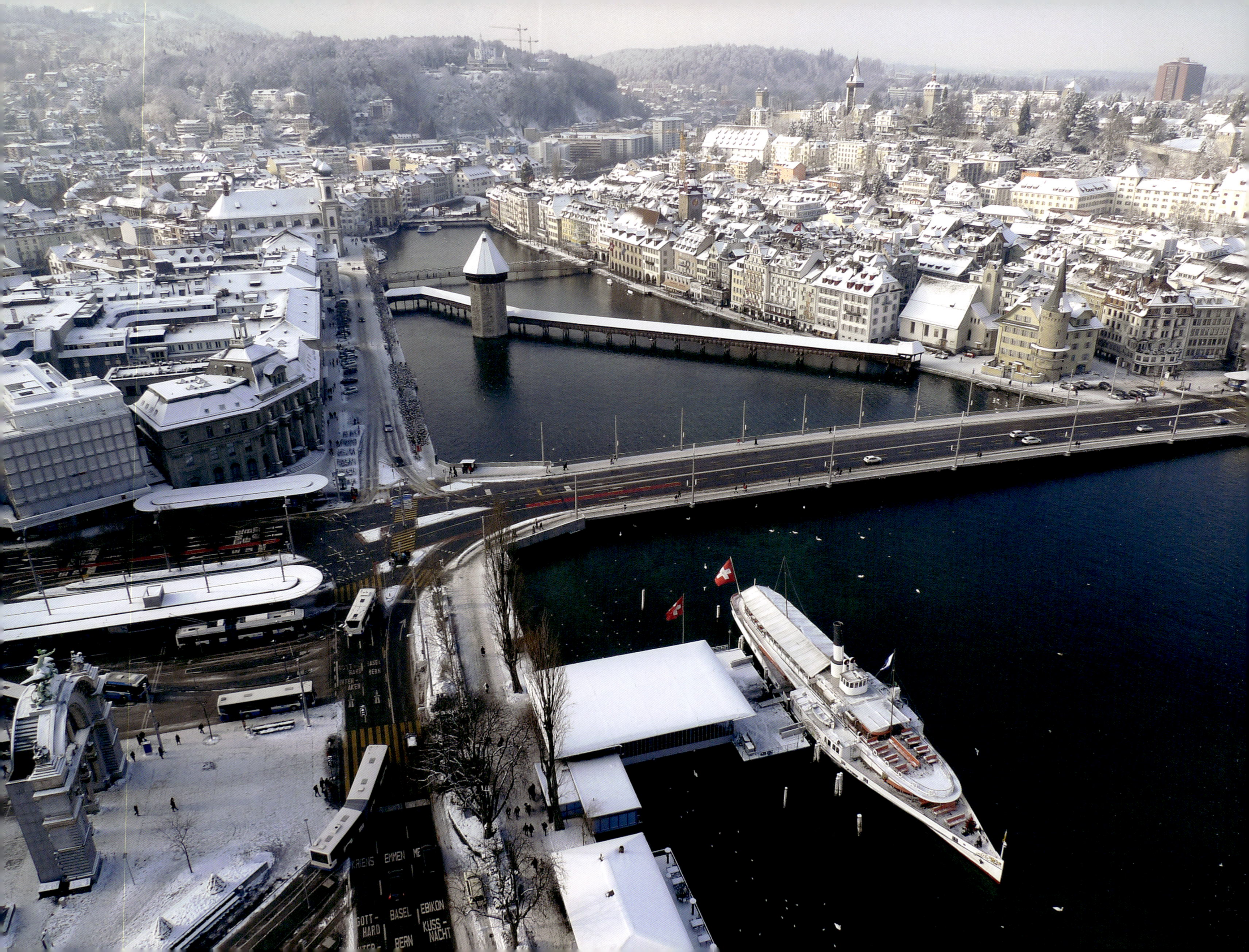
KRIENS EMMEN
GOTT-HARD
BASEL
BERN
EBIKON
KUSS-NACHT

Dampfschiff, Seebrücke und Kapellbrücke
Steamship, Seebrücke and Chapel Bridge

Schiffswerft und Rösslimattquartier
Shipyard and Rösslimatt district

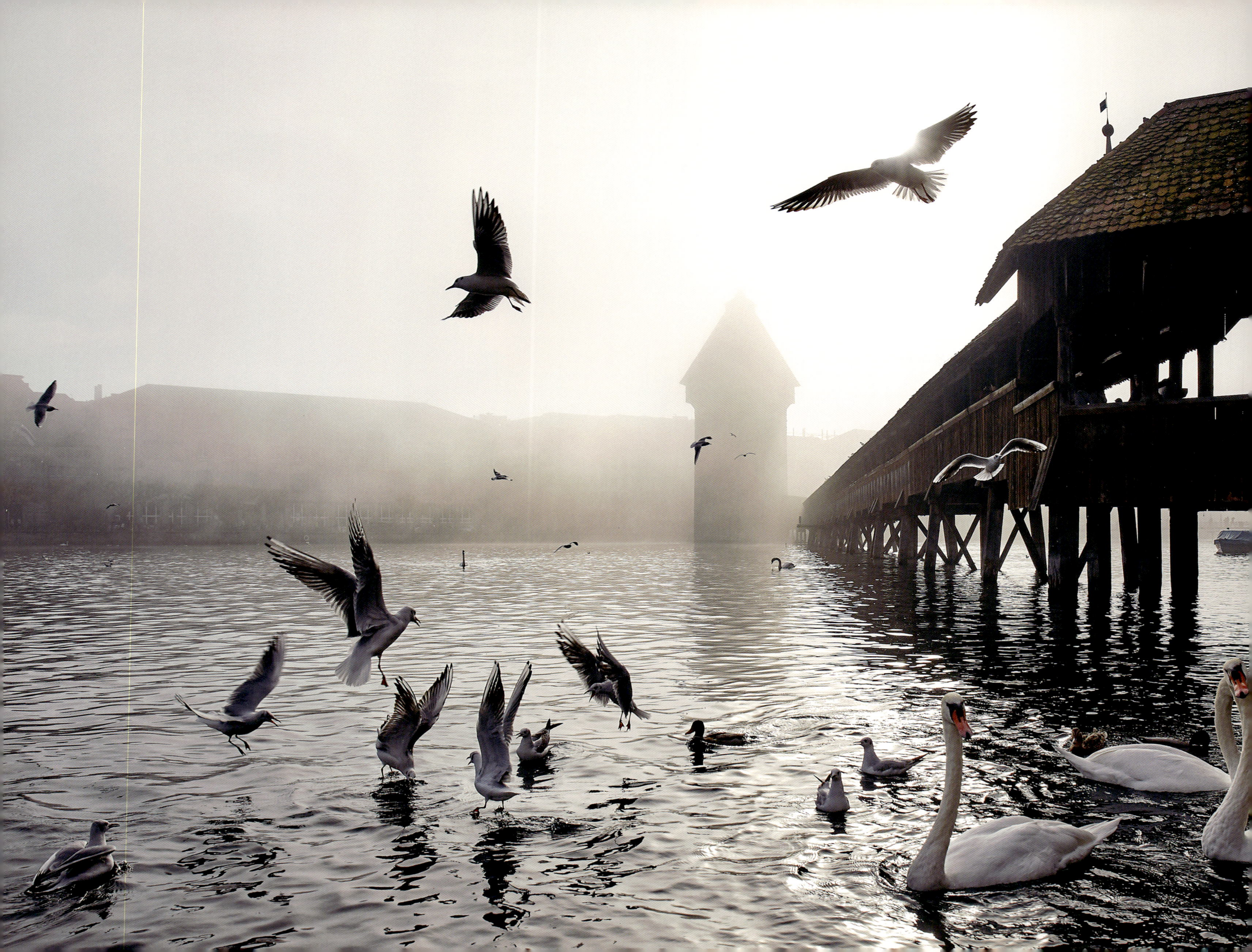

Kapellbrücke, Luzern
Chapel Bridge, Lucerne

Zugefrorener Rotsee, Luzern
Rotsee Lake frozen, Lucerne

Hotel Gütsch, Luzern
Hotel Gütsch, Lucerne

Luzerner Neujahrsfeuerwerk
Lucerne New Year firework display

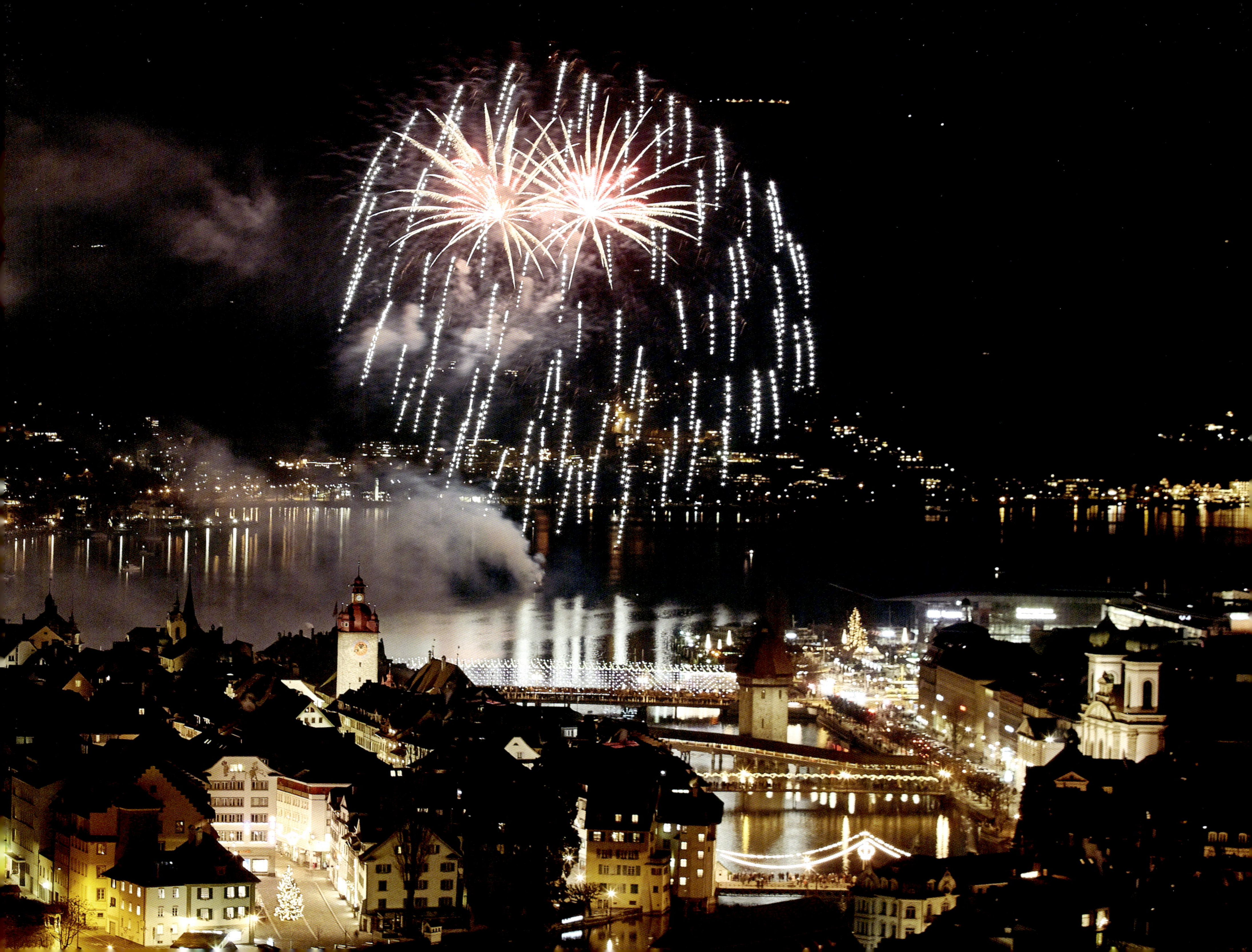

**SPONSOREN
SPONSORS**

**KANTON LUZERN
Kulturförderung**

SWISSLOS

Empathy & Excellence
HOTEL ✶ ✶ ✶ ✶ ✶ LUZERN
SCHWEIZERHOF

**DÄTWYLER
STIFTUNG**

ⓐ abächerli
Media | Druck | Logistik

**Stadt
Luzern
FUKA-Fonds**

Emanuel Ammon (1950), Fotograf und Verleger, besuchte die Kunstgewerbeschule Luzern 1969 und war u. a. Schüler von Max von Moos. Er fotografierte zehn Jahre lang für das Luzerner Tagblatt, anschliessend realisierte er Fotoreportagen für Magazine im In- und Ausland. 1992 gründete er die AURA Fotoagentur und 2005 den AURA Fotobuchverlag. Er hat u. a. folgende Fotobücher realisiert: «Luzerner Fasnacht – eine Zeitreise durch zwei Generationen» (2005), «Schweizer Kuhleben» (2009), «70er» (Pressefotos, 2001).

Gabriel Ammon (1979) ist Fotograf und an der Hochschule Luzern – Design & Kunst ausgebildeter Grafiker. Sein gestalterisches Können hat er in neun erfolgreichen Fotobüchern für den AURA Fotobuchverlag unter Beweis gestellt. Nebst seiner beruflichen Tätigkeit ist er Musiker, Feuerwehrmann und Drohnenpilot und hält zu Hause Ziegen und Hühner.

Marco Castellaneta (1964), Mitglied Geschäftsleitung Schweizerisches Nationalmuseum, Luzerner Medien- und Kommunikationsexperte, langjähriges Mitglied der Ringier Konzernleitung. Startete den TV-Sender Sat.1 Schweiz, konsum.tv auf SRF und lancierte als Verwaltungsratspräsident die Radio-Energy-Gruppe mit zusätzlichen Sendern in Basel und Bern. War die Morgenstimme von Radio Pilatus, Erfinder des «Rüüdigen Lozärners», ist seit über 30 Jahren in der Luzerner Altstadt zu Hause, Ehrenpräsident der «Vereinigten» und VR beim FC Luzern – und stolz, dass die Zentralschweiz mit dem Forum Schweizer Geschichte in Schwyz auch ihr eigenes Nationalmuseum hat.

Ronald Joho-Schumacher (1954), Gründer und Inhaber der akomag Kommunikation & Medienmanagement AG, Stans/Luzern. Ronald Joho-Schumacher war lange Jahre als Journalist und Redaktor für verschiedene Medien sowie als Kommunikations- und Medienverantwortlicher auf Agentur- und Kundenseite tätig, darunter für internationale Unternehmen wie Hilti und Hotelplan. 1988 gründete er mit akomag Kommunikation & Medienmanagement AG sein eigenes Unternehmen. Er kennt die Zentralschweizer Tourismusprojekte und ist unter anderem mit der Kommunikation für das neue Bürgenstock Resort beauftragt.

Susanne Perren (1969) lebt als Journalistin BR, freie Autorin und Kulturmanagerin in Luzern. Sie berät und betreut vorwiegend Institutionen aus den Bereichen Kunst, Kultur, öffentlicher Verkehr und Tourismus sowie Unternehmen aus der Konsumgüterindustrie. Im Limmat Verlag sind von ihr die Bücher «Rosenkranz und Fasnachtstanz. Walliser Frauenleben – dreizehn Porträts» sowie «Diese Walliser – zwölf Porträts» erschienen. Sie ist Präsidentin des Soroptimist International Club Luzern. Seit März 2015 führt sie zusammen mit Michela Grunder-Lazzarini die Galerie mit Kunstshop grunder perren kunst&mehr in Adligenswil.

Stefan Ragaz (1958), Historiker und Journalist, Studium der Geschichte und Politologie an der Universität Zürich, Chefredaktor von der «Limmat Zeitung» und des «Limmattaler Tagblatts» in Dietikon, US-Korrespondent in Washington, DC, stellvertretender Chefredaktor von der «Luzerner Neuste Nachrichten» und der «Neuen Luzerner Zeitung», seit 2012 selbstständig (Inhaber Ragaz Medien GmbH).

All rights reserved.
No part of this publication may be reproduced,
stored in retrieval systems or transmitted in any
form or by any means electronic, mechanical,
photocopied, recorded or otherwise, without the
prior written permission of the copyright owner
AURA Fotobuchverlag.

Alle Rechte vorbehalten, einschliesslich derjenigen
des auszugsweisen Abdrucks und der elektronischen
Wiedergabe.

*Tous droits réservés, y compris les reproductions
partielles et électroniques.*

LUZERN PANORAMA Streifzüge durch die Zentralschweiz
Fotografie/Photography: Emanuel Ammon, Gabriel Ammon
Text: Marco Castellaneta, Susanne Perren,
Ronald Joho-Schumacher, Stefan Ragaz
Grafik: Gabriel Ammon

Korrektorat/Proofreading: Petra Meyer
English: Chris Lee

Druck: Abächerli Media AG, Sarnen

Herausgeber/Publisher: Emanuel Ammon
© 2015 AURA Fotobuchverlag
Maihofstrasse 39
6004 Luzern
Tel. 0041 41 429 8 429
info@aura.ch
www.aura.ch
ISBN 978-3-906105-10-9

printed in
switzerland